中国非洲研究院文库

非洲大陆自由贸易区
法律文件汇编

朱伟东　王　琼　史晓曦　◎编译

**COMPILED LEGAL DOCUMENTS OF
THE AFRICAN CONTINENTAL FREE TRADE AREA**

社会科学文献出版社
SOCIAL SCIENCES ACADEMIC PRESS (CHINA)

充分发挥智库作用 助力中非友好合作

——"中国非洲研究院文库"总序

当今世界正面临百年未有之大变局。世界多极化、经济全球化、社会信息化、文化多样化深入发展，和平、发展、合作、共赢成为人类社会共同的诉求，构建人类命运共同体成为各国人民共同的愿望。与此同时，大国博弈激烈，地区冲突不断，恐怖主义难除，发展失衡严重，气候变化凸显，单边主义和贸易保护主义抬头，人类面临许多共同挑战。中国是世界上最大的发展中国家，是人类和平与发展事业的建设者、贡献者和维护者。2017年10月中共十九大胜利召开，引领中国发展踏上新的伟大征程。在习近平新时代中国特色社会主义思想指引下，中国人民正在为实现"两个一百年"奋斗目标和中华民族伟大复兴的"中国梦"而奋发努力，同时继续努力为人类作出新的更大的贡献。非洲是发展中国家最集中的大陆，是维护世界和平、促进全球发展的重要力量之一。近年来，非洲在自主可持续发展、联合自强道路上取得了可喜进展，从西方眼中"没有希望的大陆"变成了"充满希望的大陆"，成为"奔跑的雄狮"。非洲各国正在积极探索适合自身国情的发展道路，非洲人民正在为实现《2063年议程》与和平繁荣的"非洲梦"而努力奋斗。

中国与非洲传统友谊源远流长，中非历来是命运共同体。中国高度重视发展中非关系，2013年3月习近平担任国家主席后首次出访就选择了非洲；2018年7月习近平连任国家主席后首次出访仍然选择了非洲；6年间，习近平主席先后4次踏上非洲大陆，访问坦桑尼亚、南非、塞内加尔等8国，向世界表明中国对中非传统友谊倍加珍惜，对非洲和中非关系高度重视。2018年中非合作论坛北京峰会成功召开。习近平主席在此次峰会上，揭示了中非团结合作的本质特征，指明了中非关系发展的前进方向，规划了中非共同发展的具体路径，极大完善并创新了中国对非政策的理论框架和思想体系，这成为习近平新时代中国特色社会主义外交思想的重要理论创新成果，为未来中非关系的发展提供了强大政治遵循和行动指南，这次峰会是中非关系发展史上又一次具有里程碑意义的盛会。

随着中非合作蓬勃发展，国际社会对中非关系的关注度不断提高，出于对中国在非洲影响力不断上升的担忧，西方国家不时泛起一些肆意抹黑、诋毁中非关系的奇谈怪论，诸如"新殖民主义论""资源争夺论""债务陷阱论"等，给中非关系发展带来一定程度的干扰。在此背景下，学术界加强对非洲和中非关系的研究，及时推出相关研究成果，提升国际话语权，展示中非务实合作的丰硕成果，客观积极地反映中非关系良好发展，向世界发出中国声音，显得日益紧迫重要。

中国社会科学院以习近平新时代中国特色社会主义思想为指导，按照习近平主席的要求，努力建设马克思主义理论阵地，发挥为党和国家决策服务的思想库作用，努力为构建中国特色哲学社会科学学科体系、学术体系、话语体系作出新的更大贡献，不断增强我国哲学社会科学的国际影响力。中国社会科学院西亚非洲研究所是当年根据毛泽东主席批示成立的区域性研究机构，长期致力于非洲问题和中非关系研究，基础研究和应用研究并重，出版和发表了大量学术专著和论文，在国内外的影响力不断扩大。以西亚非洲研究所为主体于2019年4月成立的中国非洲研究院，是习近平主席在中非合作论坛北京峰会上宣布的加强中非人文交流行动的重要举措。

按照习近平主席致中国非洲研究院成立贺信精神，中国非洲研究院的宗旨是：汇聚中非学术智库资源，深化中非文明互鉴，加强治国理政和发展经验交流，为中非和中非同其他各方的合作集思广益、建言献策，增进中非人民相互了解和友谊，为中非共同推进"一带一路"合作，共同建设面向未来的中非全面战略合作伙伴关系，共同构筑更加紧密的中非命运共同体提供智力支持和人才支撑。中国非洲研究院有四大功能。一是发挥交流平台作用，密切中非学术交往。办好"非洲讲坛""中国讲坛"，创办"中非文明对话大会"。二是发挥研究基地作用，聚焦共建"一带一路"。开展中非合作研究，定期发布研究课题及其成果。三是发挥人才高地作用，培养高端专业人才。开展学历学位教育，实施中非学者互访项目。四是发挥传播窗口作用，讲好中非友好故事。办好中英文中国非洲研究院网站，创办多语种《中国非洲学刊》。利用关于非洲政治、经济、国际关系、社会文化、民族宗教、安全等领域的研究优势，以及编辑、图书信息和综合协调实力，以学科建设为基础，加强学术型高端智库建设。

为贯彻落实习近平主席贺信精神，我们要更好汇聚中非学术智库资源，团结非洲学者，引领中国非洲研究工作者提高学术水平和创新能力，推动相关非洲学科融合发展，推出精品力作，同时重视加强学术道德建设。中国非洲研究院面向全国非洲研究学界，坚持立足中国，放眼世界，特设"中国非洲研究院文库"。"中国非洲研究院文库"坚持精品导向，由相关部门领导与专家学者组成的编辑委员会遴选非洲研究及中非关系研究的相关成果，并统一组织出版，下设五大系列丛书："学术著作"系列重在推动学科发展和建议，反映非洲发展问题、发展道路及中非合作等某一学科领域的系统性专题研究或国别研究成果；"经典译丛"系列主要把非洲学者以及其他方学者有关非洲问题研究的经典学术著作翻译成中文出版，特别注重全面反映非洲本土学者的学术水平、学术观点和对自身发展问题的认识；"智库报告"系列以中非关系为研究主线，以中非各领域合作、国别双边关系及中国与其他国际角色在非洲的互动关系为支撑，客观、准确、翔实地反映中非合作的现状，为新时代中非关系顺利发展提供对策建议；"研究论丛"系列基于国际格局新变化、中国特色社会主义进入新时代，集结中国专家学者对非洲发展重大问题和中非关系研究的创新性学术论文；"年鉴"系统汇集了每年度非洲研究的新观点、新动态、新成果，全面客观地展示了非洲研究的智慧产出。

期待中国的非洲研究和非洲的中国研究在中国非洲研究院成立的新的历史起点上，凝聚国内研究力量，联合非洲各国专家学者，开拓进取，勇于创新，不断推进我国的非洲研究和非洲的中国研究以及中非关系研究，从而更好地服务于中非共建"一带一路"，助力新时代中非友好合作全面深入发展。

中国社会科学院副院长 中国非洲研究院院长

蔡昉

成立非洲大陆自贸区的背景、挑战及意义

（代序）

《非洲大陆自由贸易区协定》已于2019年5月30日生效，非洲大陆自贸区也在2019年7月正式进入运作阶段。根据安排，非洲大陆自贸区成员国将从2020年7月1日开始根据协定的安排开展贸易。由于疫情影响，这一计划已推迟至2021年1月。截至2020年2月20日，在非盟55个成员国中，除厄立特里亚外，其他54个国家都已签署了该协定，南非、埃及、津巴布韦等30个非洲国家批准了该协定。[①] 非洲大陆自贸区启动后，将成为自世界贸易组织成立以来，就成员国数量而言世界上最大的自贸区。该自贸区拥有12亿人口，近3万亿美元的国内生产总值。非洲大陆自贸区的成立为创建非洲共同市场、推动非洲一体化、实现非洲联合自强奠定了坚实基础，也为中非经贸关系的转型升级提供了难得的历史机遇。

一　成立非洲大陆自贸区的背景

在泛非主义思想和联合自强精神的推动下，非洲国家自独立以来就

---

① 已批准《非洲大陆自由贸易区协定》的30个非洲国家分别是加纳、肯尼亚、卢旺达、尼日尔、乍得、刚果（布）、吉布提、斯威士兰、几内亚、毛里塔尼亚、马里、纳米比亚、南非、乌干达、科特迪瓦、塞内加尔、多哥、埃及、埃塞俄比亚、冈比亚、塞拉利昂、西撒哈拉、津巴布韦、布基纳法索、圣多美和普林西比、加蓬、赤道几内亚、毛里求斯、喀麦隆和安哥拉。签署和批准情况，参见 https：//www.tralac.org/resources/by‐region/cfta.html，2020年2月20日访问。

积极谋求实现经济、社会、文化等领域的合作和一体化。1963年5月通过的《非洲统一组织宪章》明确提出，促进非洲国家的统一与团结，加强在政治、经济、军事、外交、文化等领域的合作。非洲统一组织在1980年的特别首脑峰会上通过了《拉各斯行动计划》，在推动非洲经济一体化方面迈出了重要一步。而非洲国家首脑会议在1991年6月签署并在1994年5月生效的《建立非洲经济共同体条约》（简称《阿布贾条约》）则为《拉各斯行动计划》的落实规定了具体的路径。根据该条约，成员国将在条约生效后的34年内分六个阶段逐步设立非洲共同市场：第一阶段是强化现有的经济共同体，并在未设立经济共同体的地区设立经济共同体（1999年完成）；第二阶段是加强非洲各区域性经济共同体的联合与协调（2007年完成）；第三阶段是在每个区域性经济共同体内建立自由贸易区和关税同盟（2017年完成）；第四阶段是建立一个全非洲范围内的自由贸易区关税同盟（2019年完成）；在第五和第六阶段，成立并强化非洲共同市场（2023年完成），并最终实现人员和生产要素的自由流动，创建单一的非洲市场、泛非经济货币联盟、非洲中央银行、非洲货币和泛非议会，完成建立非洲经济共同体这一伟大目标（2028年完成）。[①]

为逐步实现这一伟大目标，发挥非洲现有的地区性经济共同体在推动非洲一体化方面的作用，《阿布贾条约》通过议定书正式认可西非国家经济共同体、东非共同体、南部非洲发展共同体、东南非共同市场、东非政府间发展组织、中非国家经济共同体、阿拉伯马格里布联盟、萨赫勒－撒哈拉国家共同体等八个地区性组织作为未来成立非洲经济共同体的支柱。这些地区性经济共同体为实现本地区经济一体化都采取了相应的措施。由于各个地区经济发展水平程度不一，经济一体化进程也参

[①] 《阿布贾条约》第6条。该条约全文参见：https://au.int/en/treaties/treaty－establishing－african－economic－community，2020年1月22日访问。

差不齐，关税减让水平、贸易投资便利化程度互有差异。此外，成员国身份重叠也容易产生不同地区性法律制度在适用上的冲突。这些问题的存在既影响了非洲内部贸易的发展，也拖延了非洲一体化进程。据统计，非洲地区间的平均贸易水平约为18%，而非洲国家与非洲大陆以外其他地区的平均贸易水平约为82%。[①]

为解决这些问题，实现《阿布贾条约》的预定目标，第18届非洲国家元首和政府首脑会议通过决议，计划在2018年成立非洲大陆自贸区。2015年6月召开的第25届非盟首脑会议宣布启动非洲大陆自贸区的谈判。自此，非洲大陆自贸区的成立进入快车道。2018年3月21日，在基加利召开的非盟特别首脑峰会上，44个非洲国家领导人签署了《非洲大陆自由贸易区协定》。2019年4月29日，非盟委员会主席收到《非洲大陆自由贸易区协定》的第22份批准文件。根据该协定第二十三条，该协议会在2019年5月30日生效。2019年7月7日召开的非盟特别首脑峰会正式宣布非洲大陆自贸区进入运作阶段。

推动非洲地区一体化，创建非洲共同市场，实现非洲联合自强和经济复兴是非洲几代人的梦想。《非洲大陆自由贸易区协定》的生效为这一梦想的实现提供了坚实的保障。在协议的谈判和签署过程中，非洲国家表现出了高度热情和坚定决心。尼日尔总统、非洲大陆自贸区领导人穆罕默杜·伊素福先生在2019年2月10日召开的非盟大会常会上表示，非盟法律文件的批准平均需要5年的时间，而《非洲大陆自由贸易区协定》仅在一年内就得到批准，这显示了非洲国家推进这一进程的决心。他也指出，进入实施阶段后，会遇到更多挑战和困难，但"有志者，事竟成"，"我们将坚定地、毫不动摇地

---

① "Africa Needs to Trade with Itself: Here Is How", available at https://www.weforum.org/agenda/2016/04/africa-needs-to-trade-with-itself/, visited on 11 November 2019.

继续这一行程"。①

《非洲大陆自由贸易区协定》是一个框架协议，其内容涵盖货物贸易、服务贸易、投资、知识产权、竞争政策和争端解决。每一领域的内容都由相应的议定书调整，而每一议定书又含有不同的附件或附录，它们都成为自贸区框架协议的组成部分。例如，《货物贸易议定书》含有10个附件，分别是关税减让表、原产地规则、海关合作和相互行政协助、贸易便利化、非关税壁垒、贸易技术壁垒、卫生和植物卫生措施、过境以及贸易救济；《服务贸易议定书》含有5个附件，分别是特别承诺表、最惠国例外、航空运输服务、优先行业清单和监管合作框架文件；《关于争端解决的规则和程序议定书》含有3个附件，分别是争端解决小组工作程序、专家审查、争端解决小组成员和仲裁员行为守则。根据《非洲大陆自由贸易区协定》的安排，协议的实施分为两个阶段：第一阶段仅就货物贸易和服务贸易作出安排，第二阶段将开展有关投资、竞争和知识产权议定书的谈判。根据非盟在2020年2月9日召开的第33届首脑会议的安排，在完成第一阶段的谈判工作的所有事项后，非洲大陆自贸区需要马上转入第二阶段的谈判工作，即完成有关竞争、投资、知识产权政策的谈判工作。在第二阶段工作完成后，非洲大陆自贸区会马上开展第三阶段的谈判工作，即缔结一项《非洲大陆自贸区电子商务议定书》，使非洲在电子商务交易的数据和产品等电子商务的所有方面拥有充分权力，并促进在国家、区域和大陆各级建立非洲拥有的电子商务平台。

目前，第一阶段的安排基本完成。已批准的《非洲大陆自由贸易区

---

① Report on the African Continental Free Trade Area by H. E. Mahamadou Issoufou, President of the Republic of Niger and Leader on AFCFTA, available at https：//www.tralac.org/documents/resources/african-union/2830-report-on-the-afcfta-by-mahamadou-issoufou-with-annexes-february-2019/file.html, visited on 20 November 2019.

协定》中就包含有《货物贸易议定书》、《服务贸易议定书》和《关于争端解决的规则和程序议定书》。但在 2020 年 2 月召开的第 33 届非盟首脑会议上，第一阶段关税减让表、原产地规则和服务贸易具体承诺表的谈判工作并没有如期完成。非盟第 33 届首脑会议要求上述法律文件必须在 2020 年 5 月 30 日提交给非盟首脑会议特别会议审议，以保证非洲大陆自贸区成员国可以在 2020 年 7 月 1 日如期按照这些贸易文件开展贸易。同时，第 33 届非盟首脑会议还要求第二阶段的谈判工作应在 2020 年 12 月底前完成。由于新冠肺炎疫情的影响，上述谈判工作已无法按预定时间完成。非盟现任主席、南非总统拉马福萨已建议将非洲大陆自贸区成员国启动自由贸易的时间推迟到 2021 年 1 月 1 日。

二 非洲大陆自贸区的目标及面临的挑战

根据《非洲大陆自由贸易区协定》，非洲大陆自贸区希望实现以下总体目标，即为货物和服务创建一个单一市场，深化非洲大陆经济一体化，实现非洲《2063 年议程》所提出的"建立一个更为紧密、繁荣与和平的非洲"这一愿景；通过后续多轮谈判，为货物和服务营造一个自由化市场；促进成员国和各个地区性共同体内资本和自然人的流动，推动投资；为日后非洲大陆关税同盟的建立奠定基础；推动并实现成员国可持续和包容性的社会经济发展、性别平等和结构转型；通过多样化、地区性价值链的完善，农业发展和食品安全推动工业发展；以及解决成员国身份重叠的挑战并加速地区和大陆一体化进程。[①] 为实现总体目标，《非洲大陆自由贸易区协定》第四条还为成员国制定了具体的目标，即逐步消除货物贸易中的关税和非关税壁垒；逐步实现服务贸易自由化；

---

① 《非洲大陆自由贸易区协定》第四条。

在投资、知识产权和竞争政策方面加强合作；在所有贸易相关领域开展合作；创建一套争端解决机制；以及创建并维持一套实施并管理非洲大陆自贸区的制度框架。

但要实现这些目标并非易事。正如伊素福总统指出的，一旦真正进入实施阶段，非洲大陆自贸区仍会面临许多挑战和问题。第一，作为非洲最大经济体和人口最多的国家，尼日利亚对非洲大陆自贸区还持模棱两可的态度。如果尼日利亚不加入该自贸区，显然会影响该自贸区的实施效果。尼日利亚国内对加入该自贸区有不同态度。虽然有观点认为，如果尼日利亚加入自贸区，就会使其成为外国商品的倾销地，会损害尼日利亚的国内产业，影响当地就业，但也有观点认为，尼日利亚加入自贸区有利于改善当地营商环境，吸引外资，促进尼日利亚与其他非洲国家的经贸往来。[①] 非盟在其2019年2月的大会决议中督促没有签署《非洲大陆自由贸易区协定》的国家尽快签署该协议。权衡各种利弊后，尼日利亚总统布哈里在2019年7月7日签署了该协定。但尼日利亚国内围绕是否加入非洲大陆自贸区的争论仍未停止，尼日利亚迄今还没有批准该协定。如果在2020年7月，非洲大陆自贸区正式运作后，尼日利亚还没有加入，这对于非洲大陆自贸区来说将是很大的缺憾。第二，非洲大陆自贸区的相关机构如争端解决机构等还未设立，一些制度尚待谈判完成，如关税减让表、服务贸易特别承诺表、原产地规则等，第二阶段有关投资、竞争政策和知识产权的议定书尚未制定，这会影响非洲大陆自贸区将来一段时间的正常运转。第三，非洲国家之间存在的非正式贸易特别是在边境地区存在的此类贸易，会在一定程度上影响非洲大陆自贸区制度下的正式贸易的开展。第四，虽然非洲大陆自贸区旨在实现地区

[①] Ugo Obi‐Chukwu, "How AfCFTA Affects Every Nigerian Business", available at https://nairametrics.com/2019/07/08/how‐afcfta‐affects‐your‐business‐benefits‐and‐disadvantages/, visited on 19 December 2019.

内贸易自由化，但非洲内部落后的基础设施，特别是道路、海关、通关程序等方面的落后状况，也会在一定程度上影响自由贸易的实现。第五，一些非洲国家可能认为取消关税会影响国内收入，从而会消极执行大陆自贸区的各项政策，这也会影响非洲大陆自贸区的实施效果。①

在第33届非盟首脑会议上被选为非洲大陆自贸区秘书处首任秘书长韦凯尔·梅内在就任仪式上也谈到非洲大陆自贸区所面临的挑战。他认为非洲大陆自贸区面临的最大的挑战来自非洲本身。例如，目前非洲还存在下列不利于自贸区发展的因素：市场分散；国民经济规模小；过度依赖初级商品出口；因制造能力不足而导致的出口基础薄弱；缺乏专业化产品的出口；欠发达的产业区域价值链；非洲内部贸易的严格监管和高额关税壁垒等。其次，国际上贸易保护主义、反对自由贸易主义的声调有所反弹，会给非洲大陆自贸区的推进带来阻碍。再次，在非洲大陆自贸区启动的关键阶段，非洲恰逢新冠疫情肆虐，这同样会影响非洲大陆自贸区各项工作的开展。最后，非洲大陆自贸区的运行可能会暂时给妇女、年轻人和中小企业等弱势群体带来一些不利影响，从而会影响他们对自贸区工作的支持。对于这些挑战，韦凯尔·梅内进行了积极回应，他还乐观地表示，有些挑战甚至可以转化为非洲大陆自贸区发展的机遇。例如，对于反对自由贸易主义的声调，可以提醒人们关注非洲大陆自贸区多边贸易利益的公平分配，从而促进包容性增长和可持续发展；新冠疫情的爆发虽然对全球资本市场带来重大不利影响，严重破坏了全球贸易和货物供应链，但也使非洲有机会重新配置供应链，减少对其他供应

---

① Fitch Solutions, "AfCFTA Set to Launch But Will Face Major Challenges", available at https：//www. fitchsolutions. com/country - risk - sovereigns/economics/afcfta - set - launch - will - face - major - challenges - 14 - 02 - 2019, visited on 15 December 2019；Mesut Saygili, Ralf Peters and Christian Knebel, "African Continental Free Trade Area：Challenges and Opportunities of Tariff Reduction", available athttps：//www. tralac. org/news/article/12686 - african - continental - free - trade - area - challenges - and - opportunities - of - tariff - reductions. html；朱伟东：《非洲创建共同市场面临挑战》，《中国投资》（非洲版）2019年第12期，第53页。

链的依赖,并加快建立促进非洲内部贸易的区域价值链;而对于弱势群体带来的机遇,可以促进非洲大陆自贸区加快实施非盟《2063年议程》中有关对妇女、年轻人进行赋能的计划,从而提高他们的竞争力。①

三 成立非洲大陆自贸区对中非经贸关系的意义

结合《非洲大陆自由贸易区协定》的内容以及该协议所设定的目标来看,非洲大陆自贸区的成立对开展中非经贸关系具有重要的意义。首先,有利于中非双方携手抵制贸易保护主义和单边主义,维护多边贸易体制的发展。目前,国际上某些国家无视国际经贸关系的多边准则,肆意运用贸易保护主义和单边主义手段,对国际经贸发展带来严重冲击,不利于广大发展中国家的利益。非洲大陆自贸区的成立是对多边规则的重视,有利于消除贸易保护主义和单边主义造成的消极影响,推动非洲大陆内部贸易的发展。其次,有利于"一带一路"倡议和"八大行动"②在非洲大陆自贸区的落地生根。在2018年中非合作论坛北京峰会上,习近平主席正式宣布了对非合作的"八大行动",而且明确提出要把"一带一路"倡议和非洲各国的国内发展规划有效对接,促进中非经贸关系的进一步发展。"一带一路"倡议和"八大行动"都把设施联通、贸易便利、产业促进、人文交流作为中非合作重要内容,而非洲大陆自贸区通过其协定、《货物贸易议定书》和《服务贸易议定书》也明确提出要优先重点发展落实上述领域,这为双方的经贸合作提供了良好机遇。再次,非洲大陆自贸区的成立有利于中非双方在非洲《2063年议程》和联合国《2030年议程》的框架下更好实现经贸合作。无论是《非洲大陆自

---

① 朱伟东:《非洲大陆自贸区进入新阶段》,《世界知识》2020年第10期,第64~65页。
② 2019年9月19日,习近平主席宣布,中国将同非洲共同实施产业促进、设施联通、贸易便利、绿色发展、能力建设、健康卫生、人文交流、和平安全八大行动。

由贸易区协定》还是中国对非经贸政策，都考虑了上述两项文件的内容，这为中非双方的经贸合作提供了契合点，指明了前进的方向，有利于共同推动非洲《2063年议程》和联合国《2030年议程》目标的实现。最后，非洲大陆自贸区的成立是创建非洲共同市场的关键一步，有利于吸引更多中国企业走进非洲，拓展非洲市场，扩大中非经贸合作。①

因此，中国方面应关注非洲大陆自贸区的发展，一是在国内积极宣传非洲大陆自贸区的各项政策，鼓励中国企业在非洲投资办厂，实现本地化生产运营，充分利用非洲大陆自贸区的各项贸易自由化和投资便利化政策，积极布局非洲大陆自贸区提供的自由化市场，努力扩大与非洲的经贸关系，尽快实现中非经贸关系的转型升级。二是在适当情况下，中国尽快考虑与非洲大陆自贸区启动自贸协定谈判，为中非贸易、投资创造更大的发展空间。尼日尔总统伊素福在2018年3月的非盟首脑特别会议结束后曾表示，非洲和中国拥有良好关系，可就非洲大陆自贸区开展合作。② 中国同非洲大陆自贸区通过谈判签署自贸协定具有重要的现实意义。首先，它可以推动非洲地区一体化，助力全球化的发展，实现中国和非洲大陆的共同繁荣。其次，它有利于进一步扩大非洲市场，实现中非贸易合作的转型升级。最后，它有利于进一步增强中国相对于西方国家或地区在非洲的贸易竞争力。③

非洲大陆自贸区的成立是非洲大陆乃至世界上的一个重要事件。它标志着非洲联合自强迈出了重要一步，有利于《阿布贾条约》所设定的目标的实现。非洲大陆自贸区的成立对于中非经贸关系转型升级也具有重要的意义。为了让中国对非投资、经贸企业更好了解非洲大陆自贸区

---

① 朱伟东、王琼、王婷：《中非双边法制合作》，中国社会科学出版社，2019，第142页。
② Muchanga, "All Africa Market Taking Shape, Closer Ties with China", available at https://www.ippmedia.com/en/news/all-africa-market-taking-shape-closer-ties-china-%E2%80%93muchanga, visited on 12 December 2019.
③ 朱伟东、王琼、王婷：《中非双边法制合作》，中国社会科学出版社，2019，第137~139页。

的各项法律制度，并了解非洲大陆自贸区成立过程中涉及的一些问题及未来的发展，我们组织汇编、翻译了这本书。本书的分工如下：朱伟东负责收集并编排了相关法律文件，翻译了《非洲大陆自由贸易区协定》《2020年2月9~10日非盟元首大会第33届会议关于非洲大陆自贸区的第751号决议》以及《韦凯尔·梅内先生阁下在就任非洲大陆自贸区秘书长时的发言》；王琼负责翻译了《非洲大陆自由贸易区协定》附件草案汇编；史晓曦负责翻译了《建立非洲经济共同体条约》关于人员自由流动、居留权和设业权的议定书以及其他四项有关非洲大陆自由贸易区的相关会议决议和报告。朱伟东对全书内容进行了最后统一校订。需要说明的是，《建立非洲经济共同体条约》关于人员自由流动、居留权和设业权的议定书并不是《非洲大陆自由贸易区协定》的组成部分，它是非盟为推动人员自由流动、促进投资自由化而制定的，是《建立非洲经济共同体条约》的一个议定书。但该议定书是在非盟通过《非洲大陆自由贸易区协定》的会议上同时通过的，此外，推动人员自由流动、促进投资自由化也是非洲大陆自由区的一个重要目标，因此本书也把该议定书纳入其中。

朱伟东

中国非洲研究院研究员、教授

中国社会科学院西亚非洲研究所非洲法律研究中心主任

2020年3月20日

目 录

第一编 非洲大陆自由贸易区协定 ········· 001

 一　一般规定 ········· 003

 二　《货物贸易议定书》 ········· 017

 三　《服务贸易议定书》 ········· 029

 四　《关于争端解决的规则和程序议定书》 ········· 049

第二编 《非洲大陆自由贸易区协定》附件草案汇编 ········· 071

 附件一　关税减让表 ········· 073

 附件二　原产地规则 ········· 074

 附件三　海关合作与行政互助 ········· 105

 附件四　贸易便利化 ········· 113

 附件五　非关税壁垒 ········· 128

 附件六　技术性贸易壁垒 ········· 140

 附件七　卫生与植物检疫措施 ········· 148

 附件八　过境 ········· 157

 附件九　贸易救济 ········· 174

第三编 《建立非洲经济共同体条约》关于人员自由流动、居留权和设业权的议定书 ………………………………………… 187

- 一 序言 ……………………………………………………… 189
- 二 定义 ……………………………………………………… 192
- 三 协议的目标和原则 ……………………………………… 194
- 四 人员自由流动 …………………………………………… 196
- 五 设业权和居留权 ………………………………………… 199
- 六 一般条款 ………………………………………………… 200
- 七 实施 ……………………………………………………… 202
- 八 最后条款 ………………………………………………… 204

第四编 建立非洲大陆自由贸易区的相关决议、报告 ………… 207

- 一 非盟大会第 10 届特别会议关于启动非洲大陆自由贸易区的基加利宣言 ………………………… 209
- 二 非盟大会第 32 届常会关于非洲大陆自由贸易区的决定 ……… 213
- 三 非盟大会第 32 届常会尼日尔共和国总统穆罕默杜·伊素福阁下关于非洲大陆自由贸易区的报告 ……………… 216
- 四 非洲联盟大会 2019 年 7 月 7 日第 12 届特别会议 ……… 246
- 五 2020 年 2 月 9～10 日非盟元首大会第 33 届会议关于非洲大陆自由贸易区的第 751 号决议 …………… 257
- 六 韦凯尔·梅内先生阁下在就任非洲大陆自贸区秘书处秘书长时的发言 ………………………………… 263

| 第一编 |

非洲大陆自由贸易区协定

一 一般规定

序 言

我们，非洲联盟成员国，

希望实施首脑会议在2012年1月29日至30日在埃塞俄比亚亚的斯亚贝巴举行的第18届会议通过的《关于快速推动建立非洲大陆自由贸易区的框架、路线图和架构的决议》和《促进非洲内部贸易的行动计划》；

认识到在2015年6月14日至15日在南非约翰内斯堡召开的第25届非盟首脑会议常会期间启动的根据《阿布贾条约》所确立的目标和原则对非洲市场进行整合的非洲大陆自由贸易区的谈判（非盟大会第569号决议）；

决心根据2000年《非盟宪章》《阿布贾条约》和1994年《马拉喀什建立世界贸易组织的协定》（如适用）的规定来加强我们的经济关系并确立各自的权利和义务；

考虑到《2063年议程》关于建立一个人员、资本、货物和服务自由流动的大陆市场的愿望，这对深化经济一体化、促进农业发展、粮食安全、工业化和结构经济转型至关重要；

意识到有必要通过提供充分的基础设施和减少或逐步消除关税以及消除对贸易和投资的非关税壁垒，为成员国的货物和服务创造一个扩大化的和安全的市场；

又意识到需要制定明确、透明、可预测和互利的规则，以调整成员国之间的货物和服务贸易、竞争政策、投资和知识产权，从而解决多个的和重叠的贸易制度带来的挑战，以实现政策的一致性，包括与第三方的关系；

认识到国际安全、民主、人权、性别平等和法治对发展国际贸易和经济合作的重要性；

重申成员国在其疆界内进行规制的权利以及成员国在公共卫生、安全、环境、公共道德和促进与保护文化多样性等领域实现合法政策目标的灵活性；

进一步重审我们根据其他共同缔结的协议而在我们彼此之间业已存在的权利和义务；以及

承认各区域经济共同体（RECs）自由贸易区是推动建立非洲大陆自由贸易区的基础，

兹协议如下：

第一部分　定义

第一条　定义

就本协议而言，

（a）"阿布贾条约"是指1991年《建立非洲经济共同体的条约》；

（b）"协定"系指建立非洲大陆自由贸易区的本协定及其议定书、附件和附录，应构成其不可分割的一部分；

（c）"附件"是指作为本协定组成部分的附加于议定书的文书；

（d）"附录"是指附于附件的文书，该附件构成本协议不可分割的一部分；

(e)"大会"系指非洲联盟国家元首和政府首脑会议；

(f)"非盟"是指非洲联盟；

(g)"非洲自由贸易区（AfCFTA）"是指非洲大陆自由贸易区；

(h)"委员会"是指非洲联盟委员会；

(i)"宪章"是指 2000 年《非洲联盟宪章》；

(j)"大陆关税同盟"是指按照 1991 年《建立非洲经济共同体条约》的规定，通过采用共同对外关税的方式在大陆一级建立的关税同盟；

(k)"部长理事会"是指成员国负责贸易的部长组成的非洲部长理事会；

(l)"争端解决机构"是指为执行《关于解决争端的规则和程序的议定书》的规定而设立的机构，本协定另有规定的除外；

(m)"执行理事会"是指本联盟部长执行理事会；

(n)"服务贸易总协定（GATs）"是指 1994 年《WTO 服务贸易总协定》；

(o)"关贸总协定"是指 1994 年《WTO 关税及贸易总协定》；

(p)除非本协定另有规定，"文书"系指议定书、附件或附录；

(q)"成员国"系指非洲联盟成员国；

(r)"非关税壁垒"是指通过征收关税以外的机制阻碍贸易的壁垒；

(s)"议定书"系指本协定所附文书，构成本协定不可分割的一部分；

(t)"区域经济共同体"是指非洲联盟承认的区域经济共同体，即阿拉伯马格里布联盟、东南非共同市场、萨赫勒－撒哈拉国家共同体、东非共同体、中非国家经济共同体；西非国家经济共同体（西共体）、东非政府间发展组织（伊加特）和南部非洲发展共同体（南共体）；

(u)"秘书处"系指根据本协定第十三条设立的秘书处；

（v）"缔约方"是指已批准或加入本协定并对其生效的成员国；

（w）"第三方"是指除本协定另有规定外，不是本协定缔约方的国家；以及

（x）"世贸组织"系指根据1994年《马拉喀什建立世界贸易组织协定》成立的世界贸易组织。

第二部分 设立、目标、原则和范围

第二条 建立非洲大陆自由贸易区

现设立非洲大陆自由贸易区（英文文本中以下简称"AfCFTA"）。

第三条 总体目标

非洲大陆自由贸易区的总体目标是：

（a）根据《2063年议程》所追求的"一个融合、繁荣与和平的非洲"泛非愿景并在人员流动的推动下，建立一个单一的货物和服务市场，以深化非洲大陆的经济一体化；

（b）通过后续回合的谈判，为商品和服务创建一个自由化市场；

（c）根据缔约国和区域经济共同体的倡议和规划，致力于促进资本和自然人的流动，并推动投资发展；

（d）为以后建立大陆关税同盟打下基础；

（e）促进和实现缔约国可持续和包容的社会经济发展、性别平等和结构转型；

（f）提高缔约国经济在非洲大陆和全球市场的竞争力；

（g）通过多样化和区域价值链发展、农业发展和粮食安全，促进工业发展；以及

（h）解决多个和重叠成员身份带来的挑战，加快区域和大陆一体化进程。

第四条　具体目标

为了完成和实现第三条规定的目标，缔约国应：

（a）逐步消除货物贸易的关税和非关税壁垒；

（b）逐步开放服务贸易；

（c）在投资、知识产权和竞争政策方面进行合作；

（d）在所有与贸易有关的领域进行合作；

（e）就海关事项和实施贸易便利化措施进行合作；

（f）建立一个解决有关缔约国权利和义务的争端的机制；以及

（g）建立和维持一个执行和管理非洲大陆自由贸易区协定的体制框架。

第五条　原则

非洲大陆自由贸易区应遵循以下原则：

（a）由非洲联盟成员国推动；

（b）区域经济共同体的自由贸易区作为非洲大陆自由贸易区的基础；

（c）可变几何原则（variable geometry）；

（d）灵活性和特殊与差别待遇；

（e）透明度和信息披露；

（f）保持现状；

（g）最惠国待遇；

（h）国民待遇；

（i）互惠；

（j）实质性自由化；

（k）通过共识作出决策；以及

（l）区域经济共同体、缔约国和对非洲联盟具有约束力的国际公约中的最佳做法。

第六条 范围

本协定应涵盖货物贸易、服务贸易、投资、知识产权和竞争政策。

第七条 第二阶段谈判

1. 根据本协定的目标，成员国应在下列领域进行第二阶段谈判：

（a）知识产权；

（b）投资；以及

（c）竞争政策。

2. 本条第1款所指的谈判应在大会通过本协定后开始，并应通过连续回合进行。

第八条 议定书、附件和附录的地位

1. 货物贸易、服务贸易、投资、知识产权、竞争政策、争端解决规则和程序议定书及其有关附件和附录一经通过，即构成本协定的组成部分。

2. 货物贸易、服务贸易、投资、知识产权、竞争政策、解决争端的规则和程序议定书及其相关附件和附录应构成单一承诺的一部分，但以生效为准。

3. 在本协定范围内，认为必要的任何附加文书，应为促进非洲自由贸易协定的目标而缔结，并应在通过时构成本协定的组成部分。

第三部分 行政和组织

第九条 实施非洲大陆自由贸易区协定的体制框架

实施、管理、促进、监测和评价非洲大陆自由贸易区协定的体制框架应包括：

（a）大会；

（b）部长理事会；

（c）高级贸易官员委员会；以及

（d）秘书处。

第十条 大会

1. 大会作为非盟的最高决策机关，应对非洲大陆自由贸易区协定，包括《促进非洲内部贸易行动计划》提供监督和战略指导。

2. 大会有权根据部长理事会的建议通过对本协定的解释。通过解释的决定应以协商一致方式作出。

第十一条 部长理事会的组成和职能

1. 兹设立部长理事会，由缔约国负责贸易的部长或缔约国正式指定的其他部长、机关或官员组成。

2. 部长理事会应通过执行理事会向大会提出报告。

3. 部长理事会应在其职权范围内：

（a）根据本协定作出决定；

（b）确保协定的有效执行和实施；

（c）采取必要措施，促进本协定以及与本协定有关的其他文书的目标的实现；

（d）与非洲联盟有关机关和机构合作；

（e）促进适当政策、战略和措施的协调，以有效执行本协定；

（f）设立特设委员会或常设委员会、工作组或专家组，并授予它们相应职责；

（g）拟定其议事规则和为执行非洲大陆自由贸易区协定而设立的附属机构的议事规则，并提交执行理事会核准；

（h）监督其根据本协定设立的所有委员会和工作组的工作；

（i）审议秘书处的报告和活动并采取适当行动；

（j）根据本协定的规定制定条例、发布指示和提出建议；

（k）审议并提议大会通过秘书处工作人员和财务条例；

（l）审议秘书处的组织结构，并通过执行理事会提交大会通过；

（m）批准非洲大陆自由贸易区的工作方案及其制度；

（n）审议非洲大陆自由贸易区及其机构的预算，并通过执行理事会提交大会；

（o）建议大会通过对本协定的权威性解释；以及

（p）履行符合本协定或大会要求的任何其他职能。

4. 部长理事会应每年举行两次常会，并可在必要时举行特别会议。

5. 部长理事会在其职权范围内作出的决定对缔约国具有约束力。涉及法律、组织或经费问题的决定一经大会通过，即对缔约国具有约束力。

6. 缔约国应当采取必要措施，执行部长理事会的决定。

第十二条　高级贸易官员委员会

1. 高级贸易官员委员会由各缔约国指定的常务秘书、首席秘书或其他官员组成。

2. 高级贸易官员委员会应：

（a）按指示执行部长理事会的决定；

（b）负责制订执行本协定的方案和行动计划；

（c）根据本协定的规定，对非洲大陆自由贸易区进行监督并定期审查，以确保其正常运作和发展；

（d）根据需要设立委员会或其他工作组；

（e）监督本协定各项规定的执行情况，并可为此目的请技术委员会调查任何特定事项；

（f）指示秘书处承担具体任务；以及

（g）履行与本协定一致或部长理事会可能要求的任何其他职能。

3. 根据部长理事会的指示，高级贸易官员委员会应每年至少举行两次会议，并应按照部长理事会通过的议事规则运作。

4. 高级贸易官员委员会应在其每次会议后向部长理事会提交报告，

包括相关建议。

5. 区域经济共同体应以顾问身份参加高级贸易官员委员会。

第十三条 秘书处

1. 大会应设立秘书处，决定其性质、地点并核准其结构和预算。

2. 非盟委员会为临时秘书处，直至其全面运作。

3. 秘书处应是非洲联盟系统内具有独立法人资格的职能自治机构。

4. 秘书处应为非洲联盟委员会的自治机构。

5. 秘书处的资金应来自非洲联盟的年度总预算。

6. 秘书处的职能和职责由贸易部长理事会决定。

第十四条 决策

1. 非洲大陆自由贸易区有关机构[①]关于实质性问题的决定应以协商一致方式作出。

2. 尽管有第 1 款的规定，高级贸易官员委员会应将其未能达成共识的事项提交部长理事会审议。部长理事会应将无法达成协商一致意见的事项提交大会。

3. 关于程序问题的决定应由有表决权的缔约国简单多数作出。

4. 关于某项问题是否属于程序问题的决定，也应由有表决权的缔约国简单多数作出。

5. 有表决资格的缔约国弃权投票不妨碍决定的通过。

第十五条 义务免除

1. 在特殊情况下，经某一缔约国请求，部长理事会可免除本协定对某一缔约国施加的义务，但在无法协商一致的情况下，任何此种决定须由四分之三[②]的缔约国表决作出。

[①] 国家元首和政府首脑大会、部长理事会和高级贸易官员委员会。
[②] 对于过渡期间或分阶段履行期间的任何义务，如果某一请求缔约国在有关期间终了前未履行此类义务，则此类义务的免除许可决定只能以协商一致方式作出。

2. 某一缔约国就本协定提出的义务免除请求，应按照协商一致的决策惯例提交部长理事会审议。部长理事会应确定一个不超过九十（90）天的期限来审议这一请求。如果在此期间未能达成协商一致意见，则许可义务免除的任何决定应由四分之三的缔约国作出。

3. 部长理事会许可义务免除的决定应说明作出决定的特殊情况、适用义务免除的条款和条件以及义务免除终止的日期。任何超过一（1）年的义务免除，部长理事会应在不迟于作出此类许可后的一（1）年内进行审查，此后每年审查一次，直至免除终止。在每次审查中，部长理事会应审查是否仍有给予义务免除的例外理由以及义务免除的条款和条件是否得到满足。部长理事会可在年度审查的基础上延长、修改或终止义务免除。

第四部分　透明度

第十六条　出版

1. 各缔约国均应当及时公布或者通过可获取的媒介①公布其普遍适用的法律、法规、程序和行政裁决以及根据国际协定作出的与本协定所涵盖的任何贸易事项有关的任何其他承诺。

2. 本协定的规定不得要求任何缔约国披露妨碍执法或以其他方式违背公共利益或损害特定公私企业合法商业利益的机密信息。

第十七条　通知

1. 在本协定生效后通过的法律、法规、程序、普遍适用的行政裁决以及根据某一国际协定作出的、与本协定所涵盖的任何贸易事项有关的任何其他承诺，应由缔约国以非洲联盟的一（1）种工作语言通过秘书

---

① 如利用非盟官方语言通过政府公报、通讯、议事录或网站形式予以公布。

处通知其他缔约国。

2. 各缔约国均应当根据本协定，通过秘书处将其认为可能对本协定的实施产生重大影响或以其他方式对另一缔约国在本协定项下的利益产生重大影响的任何实际的或拟议的措施通知其他缔约国。

3. 应另一缔约国的请求，一缔约国应通过秘书处迅速提供与实际措施或拟议措施有关的信息和答复相关问题，而不论另一缔约国以前是否被告知该措施。

4. 根据本条提供的任何通知或信息不影响该措施是否符合本协定。

第五部分　大陆优惠

第十八条　大陆优惠

1. 本协定生效后，缔约国在执行本协定时，应在互惠基础上给予彼此不低于给予第三方的优惠。

2. 缔约国应当为其他缔约国提供机会，就本协定生效前给予第三方的优惠进行谈判，这种优惠应在互惠基础之上。如果一缔约国希望获得本款的优惠，该缔约国就应向其他缔约国提供在互惠基础上进行谈判的机会，并考虑到缔约国的发展水平。

3. 本协定不得取消、修改或撤销缔约国与第三方之间业已存在的贸易协定项下的权利和义务。

第十九条　与区域协定的冲突和不一致

1. 如果本协定与任何区域协议之间存在任何冲突和不一致，除非本协定另有规定，否则应以本协定为准。

2. 虽有本条第一款的规定，作为其他区域经济共同体、区域贸易安排和关税同盟的成员的缔约国，如果已在它们之间实现了比本协定更高水平的区域一体化，则它们应在彼此之间保持这种更高水平。

第六部分　争端解决

第二十条　争端解决

1. 应根据本协定设立争端解决机制，以解决缔约国之间的争端。

2. 争端解决机制应按照《关于争端解决的规则和程序议定书》管理。

3. 《关于争端解决的规则和程序议定书》应专门设立一个争端解决机构。

第七部分　最后条款

第二十一条　例外情况

除本协定议定书另有规定外，本协定的任何规定均不得解释为减损了其他为建立和维持非洲大陆自由贸易区的其他相关文书所载的原则和价值。

第二十二条　通过、签署、批准和加入

1. 本协定由大会通过。

2. 本协定应开放供成员国按照其各自的宪法程序签署、批准或加入。

第二十三条　生效

1. 本协定及《货物贸易议定书》、《服务贸易议定书》和《关于争端解决的规则和程序议定书》应在第二十二（22）份批准书交存后三十（30）天生效。

2. 有关投资、知识产权、竞争政策的议定书和本协定范围内认为必要的任何其他文书，应在第二十二（22）份批准书交存后三十（30）天生效。

3. 对于加入本协定的任何成员国，《货物贸易议定书》、《服务贸易

议定书》和《关于争端解决的规则和程序议定书》应在其加入书交存之日对该缔约国生效。

4. 对于加入有关投资、知识产权、竞争政策的议定书和本协定范围内认为必要的任何其他文书的成员国，应自其加入书交存之日起生效。

5 文书保存方应将本协定及其附件的生效通知所有成员国。

第二十四条　保存方

1. 本协定的保存方应为非盟委员会主席。

2. 本协定应交存保存方，保存方应将经核证无误的协定副本送交各成员国。

3. 成员国应向保存方交存批准书或加入书。

4. 保存方应将批准书或加入书的交存通知成员国。

第二十五条　保留

对本协定不得作任何保留。

第二十六条　登记和通知

1. 保存方应于本协定生效时，依《联合国宪章》第一百零二条之规定，向联合国秘书长登记。

2. 缔约国应在适用的情况下将本协定单独或集体通知世界贸易组织。

第二十七条　退出

1. 自本协定对某一缔约国生效之日起五（5）年后，该缔约国方可通过文书保存方书面通知其他缔约国退出本协定。

2. 退出应在保存方收到通知后二（2）年内生效，或在通知中规定的较后日期生效。

3. 退出不影响退出缔约国在退出前的任何权利和义务。

第二十八条　审查

1. 本协定应在生效后每五（5）年由缔约国审查一次，以确保有效性，实现更深入的一体化，并适应不断变化的区域和国际发展。

2. 在审查过程之后，缔约国可以根据第二十九条提出修改建议，同时考虑到在执行本协定过程中取得的经验和进展。

第二十九条　修正

1. 任何缔约国均可向保存方提出修改本协定的提案。

2. 保存方应在收到提案之日起三十日（30）内，将提案分发给缔约国和秘书处。

3. 希望对提案发表意见的缔约国，可以在提案分发之日起六十（60）日内提出意见，并将意见提交保存方和秘书处。

4. 秘书处应将收到的提案和意见分发给非洲大陆自由贸易区相关适当委员会和小组委员会进行审议。

5. 有关委员会和小组委员会应通过秘书处向部长理事会提出建议供审议，随后可通过执行理事会向大会提出建议。

6. 协定之修正案由大会通过。

7. 本协定的修正案应根据本协定第二十三条生效。

第三十条　真实文本

本协议由四（4）份阿拉伯文、英文、法文和葡萄牙文原件组成，所有原件具有同等效力。

二 《货物贸易议定书》

序　言

我们，非洲联盟成员国，

希望执行 2012 年 1 月 29 日至 30 日在埃塞俄比亚亚的斯亚贝巴举行的国家元首和政府首脑会议第十八届常会决定（非盟大会第 394 号决议）中《关于推动建立非洲大陆自由贸易区的框架、路线图和架构》以及《促进非洲内部贸易的行动计划》；

认识到在 2015 年 6 月 14 日至 15 日在南非约翰内斯堡举行的非洲联盟国家元首和政府首脑会议第二十五届常会（非盟大会第 569 号决议）期间根据《阿布贾条约》的目标和宗旨为整合非洲市场而启动的非洲大陆自由贸易区的谈判；

决心采取必要措施以降低经商成本，为私营部门发展创造有利环境，从而促进非洲内部贸易；

决定通过利用规模经济、大陆市场准入和有效分配资源的机会，提高工业和企业层面的竞争力；

相信一项关于货物贸易的全面议定书将深化经济效率和联系，改善社会福利，逐步消除贸易壁垒，增加贸易和投资，为缔约国企业实现规模经济创造更多机会；

致力于通过统一、协调整个非洲的贸易自由化和实施贸易便利化文件，以及在优质基础设施和科学技术合作、贸易相关措施的制定和实施，来扩大非洲内部的贸易；

认识到缔约国之间的不同发展水平以及向有特殊需要的缔约国提供灵活性、特殊和差别待遇以及技术援助的必要性；

兹协议如下：

第一部分　定义、目标和范围

第一条　定义

就本议定书而言，下列定义应适用：

（a）"反倾销协定"是指世界贸易组织关于执行1994年关贸总协定第六条的协定；

（b）"委员会"是指根据本议定书第三十一条所设立的货物贸易委员会；

（c）"关税"是指就货物的进出口或涉及货物进出口所征收的任何种类的关税或收费，包括就货物的进出口或涉及货物的进出口所征收的任何形式的附加税或附加费；

（d）"协调制度"是指《商品名称和编码协调制度国际公约》建立的商品名称和编码协调制度；

（e）"非关税壁垒"是指通过征收关税以外的机制阻碍贸易的壁垒；

（f）"原产品"是指符合附件二《原产地规则》所列原产地规则的商品；

（g）"优惠贸易安排"是指一缔约国对从另一缔约国或第三方进口的货物给予优惠的任何贸易安排，包括以放弃方式给予的非互惠优惠计划；

（h）"保障措施协议"是指世界贸易组织的《保障措施协议》；

（i）"关税减让表"是指各缔约国谈判达成的具体关税减让和承诺

清单。它清楚地规定了根据《非洲大陆自由贸易区协定》可以进口的货物的条款、条件和资格；

（j）"TBT"是指技术性贸易壁垒；

（k）"技术性贸易壁垒协议"是指世界贸易组织的《技术性贸易壁垒协议》。

第二条 目标

1. 本议定书的主要目标是根据《非洲大陆自由贸易区协定》第三条建立一个货物贸易自由市场。

2. 本议定书的具体目标是通过以下途径促进非洲内部的货物贸易：

（a）逐步取消关税；

（b）逐步消除非关税壁垒；

（c）提高海关程序、贸易便利化和过境的效率；

（d）在技术性贸易壁垒和动植物卫生措施领域加强合作；

（e）发展和促进区域和大陆价值链；

（f）推动整个非洲的社会经济发展、多样化和工业化。

第三条 范围

1. 本议定书的规定应适用于缔约国之间的货物贸易。

2. 关于关税减让表的附件1、关于原产地规则的附件2、关于海关合作和行政互助的附件3、关于贸易便利化的附件4、关于非关税壁垒的附件5、关于技术性贸易壁垒的附件6、关于卫生和植物检疫措施的附件7、关于过境的附件8和关于贸易救济的附件9在通过后成为本议定书的组成部分。

第二部分 非歧视

第四条 最惠国待遇

1. 缔约国应当依照本协定第十八条给予对方最惠国待遇。

2. 本议定书的任何规定不得妨碍缔约国与第三方缔结或维持优惠贸易安排，但此种贸易安排不得妨碍或损害本议定书的目标，而且根据此类安排授予第三方的任何利益、减让或特权在互惠基础上也给予其他缔约国。

3. 本议定书的任何规定均不得阻止两个或两个以上缔约国相互给予旨在实现本议定书目标的优惠，但此种优惠应在互惠基础上给予其他缔约国。

4. 虽有本条第二款和第三款的规定，一缔约国没有义务将本协定生效前已给予其他缔约国或第三方的贸易优惠给予另一缔约国。一缔约国应当考虑到缔约国的发展水平，给予其他缔约国在互惠的基础上谈判给予优惠的机会。

第五条 国民待遇

在进口产品已经海关清关后，一缔约国应给予从其他缔约国进口的产品不低于给予国产同类产品的待遇。这种待遇涵盖了根据1994年关贸总协定第三条影响到此类产品销售和销售条件的所有措施。

第六条 特殊和差别待遇

成员国应在符合《非洲大陆自由贸易区协定》确保实现全面和互惠的货物贸易这一目标的基础上，为其他处于不同经济发展水平或具有其他缔约国认可的个体特殊性的缔约国提供灵活性。这些灵活性应包括根据具体情况给予特别考虑以及在实施本协定时给予额外过渡期。

第三部分 贸易自由化

第七条 进口税

1. 缔约国应当按照本议定书附件1所载的关税减让表，逐步取消对原产于任何其他缔约国领土的货物的进口税或具有同等效力的收费。

2. 对于实行自由化的产品，除本议定书另有规定外，缔约国不得对原产于任何其他缔约国领土内的货物征收进口税或具有同等效力的收费。

3. 进口税应包括就或有关从任何缔约国运送至另一缔约国的收货人的进口商品所征收的任何关税或任何种类的费用，包括任何形式的附加税或附加费，但不应包括：

（a）按照1994年关贸总协定第三条第二款及其注释对缔约国同类或具有直接竞争性或可替代的货物，或对全部或部分制造或生产进口货物的商品所征收的与国内税相当的费用；

（b）根据1994年关贸总协定第六条和第十六条以及世界贸易组织《补贴和反补贴措施协定》和本议定书第十七条所征收的反倾销税或反补贴税；

（c）根据1994年关贸总协定第十九条、世界贸易组织《保障措施协定》和本议定书第十八条和第十九条就有关保障措施所征收的关税或费用；及

（d）根据1994年关贸总协定第八条征收的其他费用。

第八条　关税减让表

1. 各缔约国均应当按照本议定书附件1所载的关税减让表和采用的关税方式，对从其他缔约国进口的货物适用优惠关税。关税减让表、所采用的关税方式以及有待谈判和通过的关税方式方面的未决工作，应是本议定书的组成部分。

尽管有本议定书的规定，作为其他区域经济共同体成员的缔约国，如果它们之间消除关税和贸易壁垒的水平高于本议定书的规定，则它们之间应保持这种更高水平的贸易自由化，并在可能的情况下加以提高。

第九条　普遍取消数量限制

缔约国不得对来自或出口至其他缔约国的商品实行数量限制，除非本议定书及其附件，以及1994年关贸总协定第十一条和世贸组织的其他相关协定另有规定。

第十条 出口关税

1. 缔约国可以对原产于其领土的货物征收出口关税或具有同等效力的费用。

2. 根据本条规定所适用的、对货物出口或有关货物出口所征收的任何出口关税或税款,应非歧视性地适用于出口到所有目的地的货物。

3. 缔约国根据本条第 2 款对出口货物或有关货物出口所征收的出口关税或税款,应自征收上述出口关税或税款之日起九十(90)天内通知秘书处。

第十一条 关税减让表的修改

1. 在特殊情况下,缔约国可以请求修改其关税减让表。

2. 在这种特殊情况下,缔约国(以下简称"修改缔约国")应当向秘书处提出书面请求,并附上提出此种请求所依据的特殊情况的证明。

3. 秘书处收到请求后,应立即将请求分发给所有缔约国。

4. 缔约国认为对修改后的缔约国的关税表有实质利害关系的(以下简称"实质利害关系缔约国"),应当在三十(30)天内通过秘书处书面通知修改缔约国,并附上支持性证明。秘书处应立即将所有此类请求分发给所有缔约国。

5. 根据第 3 款确定的修改缔约国和任何实质利害关系缔约国应在秘书处协调下进行谈判,以便对任何必要的补偿性调整达成协议。在此类谈判和协议过程中,缔约国应保持不低于最初承诺的一般承诺水平。

6. 谈判的结果、随后对关税表进行的修改及由此产生的任何补偿,须经实质利害关系缔约国同意并通知秘书处,由秘书处转交其他缔约国后,方可生效。补偿性调整应根据本议定书第四条规定作出。

7. 修改缔约国只有在根据本条第 6 款规定作出补偿性调整并经部长理事会批准后,才能改变其承诺。补偿性调整的结果应通知各缔约国。

第十二条 消除非关税壁垒

除本议定书另有规定外,缔约国对非关税壁垒的识别、分类、监测和消除应符合附件 5 关于非关税壁垒的规定。

第十三条 原产地规则

如果商品根据附件 2《原产地规则》设定的标准和条件以及根据将来制定的有关一般和特殊产品规则的附件，是属于原产于某一缔约国的商品，则该商品有资格享受本议定书规定的优惠待遇。

第四部分 海关合作、贸易便利化和过境

第十四条 海关合作与行政互助

缔约国应当按照附件 3 关于海关合作和行政互助的规定，采取包括有关海关合作和行政互助的安排在内的适当措施。

第十五条 贸易便利化

缔约国应当根据附件 4 关于贸易便利化的规定，采取包括关于贸易便利化的安排在内的适当措施。

第十六条 过境

缔约国应采取包括按照附件 8 关于过境的规定作出过境安排在内的适当措施。

第五部分 贸易救济

第十七条 反倾销和反补贴措施

1. 除本议定书另有规定外，本议定书的任何规定均不得妨碍缔约国实施反倾销和反补贴措施。

2. 在适用本条规定时，缔约国应遵循附件 9 关于贸易救济的规定以及与世界贸易组织相关协定一致的《非洲大陆自由贸易区关于实施贸易救济的准则》。

第十八条　全球保障措施

本条的实施应符合附件 9 关于贸易救济的规定、《非洲大陆自由贸易区关于实施贸易救济的准则》、1994 年关贸总协定第十九条和世界贸易组织《保障措施协定》的规定。

第十九条　优惠保障措施

1. 缔约国可以对进口到缔约国的产品突然激增的情况适用保障措施，条件是该国境内同类产品或直接竞争性产品的国内生产者受到或可能受到严重损害。

2. 本条的实施应符合附件 9 贸易救济议定书和《非洲大陆自由贸易区关于实施贸易救济的准则》的规定。

第二十条　与反倾销、反补贴和保障措施调查相关的合作

缔约国应根据附件 9 关于贸易救济的规定和《非洲大陆自由贸易区关于实施贸易救济的准则》在贸易救济领域进行合作。

第六部分　产品标准和规则

第二十一条　技术性贸易壁垒

本条的实施应符合附件 6 关于技术性贸易壁垒的规定。

第二十二条　卫生与动植物检疫措施

本条的执行应符合附件 7 关于卫生与动植物卫生措施的规定。

第七部分　补充政策

第二十三条　特别经济安排或经济特区

1. 缔约国为加快发展目的可以支持建立和运行特别经济安排或经济特区。

2. 受益于特别经济安排或经济特区的产品应遵守部长理事会制定的任何规则。根据本款制定的规则应支持大陆工业化计划。

3. 在非洲大陆自由贸易区内的特别经济安排或在经济特区内生产的产品的贸易应遵守附件 2 关于原产地规则的规定。

第二十四条 幼稚产业

1. 为保护国内具有战略意义的幼稚产业，缔约国在采取合理步骤克服与该幼稚产业有关的困难的前提下，可以采取措施保护该幼稚产业。这些措施应在不歧视的基础上并在规定的时间内实施。

2. 部长理事会应通过执行本条的准则，作为本议定书的组成部分。

第二十五条 国有贸易企业的透明度和通知要求

1. 为确保国有贸易企业（state trading enterprises，STE）活动的透明度，缔约国应将此种企业通报秘书处，以便转交其他缔约国。

2. 在本条规定中，国有贸易企业（STE）是指政府、非政府企业，包括营销委员会，它们被授予专有或特殊的权利或特权，包括法定的或宪法性的权力，在行使此类权利、特权或权力时，它们通过自己的购买或销售行为会影响到 1994 年关贸总协定第十七条规定所提及的进口或出口的水平或方向。

第八部分 例外情况

第二十六条 一般例外

一般例外措施实施的条件是，此类措施的实施方式不得构成缔约国之间在同等条件下的任意或不合理歧视，或变相限制国际贸易，本议定书的任何规定不得被解释为阻止任何缔约国采取或执行下列措施：

（a）为保护公共道德或维持公共秩序所必需的；

（b）为保护人类、动物或植物的生命或健康所必需的；

（c）关于黄金或白银的进出口的；

（d）关于监狱囚犯所生产的产品的；

（e）是确保遵守与本议定书的规定不相抵触的法律或规则包括与海关执法、专利、商标和版权的保护以及防止欺诈行为有关的法律或规则所必需的；

（f）是为保护具有艺术、历史或考古价值的国家宝藏而施加的；

（g）与养护可耗竭的自然资源有关，条件是此类措施的生效应与限制国内生产或消费的措施相结合；

（h）是为遵守根据缔约国所批准的任何政府间商品协定的义务而采取的；

（i）涉及对国内原材料的出口所施加的限制，在此类材料的国内价格低于世界价格期间，此类限制措施作为政府稳定计划的一部分，对于确保国内加工产业获得此类原材料的基本数量是必需的，但此种限制不得被用于增加此类国内产业的出口或对其提供保护，也不得背离本议定书关于不歧视的规定；及

（j）对获取或分销食品或任何其他一般性或地方性短缺产品是至关重要的，但任何此类措施应符合所有缔约国都有权获得此类产品的国际供应的平等份额这一原则，而且任何与本议定书的其他规定不符的此类措施，在导致采取此类措施的条件不存在时，应立即停止。

第二十七条 安全例外

本议定书不得解释为：

（a）要求任何缔约国提供任何信息，只要它认为此类信息的披露会损害其基本的安全利益；或

（b）阻止任何缔约国采取任何它认为对于保护其基本安全利益而必要采取的任何行动：

（i）与核裂变或聚变物质或衍生此类物质的物质有关；

（ii）涉及武器、弹药和战争器具的运输以及涉及为直接或间接为军事设施提供补给而进行的其他商品或材料的运输；以及

（iii）是在战时或国际关系中的其他紧急情况下所采取的；或

（c）阻止任何缔约国根据《联合国宪章》所承担的维护国际和平与安全的义务而采取任何行动。

第二十八条　国际收支

1. 缔约国在国际收支出现重大困难或者因此类困难面临迫在眉睫的威胁情况下，或需要对其外部财务状况面临的困难采取保护措施，并且已采取一切合理步骤克服这些困难后，可根据有关缔约国的国际权利和义务采取适当的限制措施，包括分别根据《世界贸易组织总协定》、《国际货币基金组织协定条款》和《非洲开发银行协定条款》所产生的权利和义务。这些措施应公平、无歧视、善意、具有有限的期间，而且不得超出纠正国际收支状况所必需的程度。

2. 有关缔约国采取或者维持此种措施后，应当立即通知其他缔约国，并尽快提出解除此类措施的时间表。

第九部分　技术援助、能力建设与合作

第二十九条　技术援助、能力建设与合作

1. 秘书处应与缔约国、区域经济共同体和合作伙伴共同努力，在贸易和贸易相关事项方面进行协调并提供技术援助和能力建设，以执行本议定书。

2. 缔约国同意为执行本议定书加强合作。

3. 秘书处应寻求途径，以确保这些方案所需要的资源。

第十部分　机构规定

第三十条　协商和争端解决

除本议定书另有规定外，《关于争端解决的规则和程序议定书》的有关规定应适用于根据本议定书进行的磋商和争端解决。

第三十一条 执行、监督和评估

1. 部长理事会应根据《非洲大陆自由贸易区协定》第十一条设立货物贸易委员会，该委员会应履行部长理事会为推动本议定书的实施和进一步实现其目标而指派的职能。委员会可设立其认为适当的附属机构，以有效履行其职能。

2. 除有其他决定外，货物贸易委员会及其附属机构应开放供所有缔约国代表参加。

3. 货物贸易委员会主席由缔约国选举产生。

4. 根据《非洲大陆自由贸易区协定》第十三条第 5 款，秘书处应与缔约国协商，编写年度事实报告，以推动本议定书的执行、监督和评估进程。

5. 部长理事会应审议并通过这些报告。

第三十二条 修正

对本议定书的修正应根据《非洲大陆自由贸易区协定》第二十九条的规定进行。

三 《服务贸易议定书》

序　言

我们，非洲联盟成员国，

决心为服务贸易的原则和规则建立一个大陆框架，以期按照非洲大陆自由贸易区设定的目标，促进非洲内部贸易，促进非洲大陆内部的经济增长和发展；

希望在服务贸易逐步自由化的基础上，建立一个开放、有章可循、透明、包容和综合的单一服务市场，为非洲人民在所有部门提供经济、社会和增进福利的机会；

意识到迫切需要在地区经济共同体和大陆层面巩固在服务自由化和监管协调化方面取得的成就，并在此基础上进一步发展；

希望利用非洲服务供应商，特别是微型、小型和中型服务供应商的潜力和能力，参与区域和全球价值链；

承认缔约国有权为实现国家政策目标而对其领土内的服务供应进行监管，并在考虑到不同国家服务规则的发展程度、缔约国行使此类权利的特别需要，并在不损害消费者保护、环境保护和整体可持续发展的前提下，制定新的规则，以实现合法的国家政策目标，包括竞争力、消费者保护和总体可持续发展；

认识到最不发达国家、内陆国家、岛屿国家和脆弱经济体因其特殊的经济状况及其发展、贸易和金融需要而面临的严重困难；

确认 2018 年 1 月 28 日在埃塞俄比亚亚的斯亚贝巴举行的非盟国家元首和政府首脑会议第三十届常会通过的《关于通过执行亚穆苏克罗决议而建立单一非洲航空运输市场的非洲联盟大会决议》（非盟大会第 666 号决议）；

进一步认识到航空运输服务，特别是单一的非洲航空运输市场，对促进非洲内部贸易和非洲大陆自由贸易区的快速发展可能作出的重大贡献，

兹协议如下：

第一部分 定义

第一条 定义

就本议定书而言：

（a）"商业存在"是指任何类型的商业或专业机构，包括通过：

（i）法人的成立、取得或维持，或

（ii）在缔约国境内设立或维持分支机构或代表处以提供服务；

（b）"直接税收"包括对总收入、总资本或收入或资本的组成部分征收的所有税项，包括对财产转让所得的税项、对不动产、继承和赠予的税项、对企业支付的工资或薪金总额的税项以及对资本增值的税项；

（c）"法人"系指根据缔约国所适用法律合法成立或以其他方式组织的任何法律实体，不论其目的是营利还是其他目的，也不论其为私有或政府所有，包括任何公司、信托、合伙企业、合资企业、独资企业或协会；

（d）一个法人是：

（i）和另一人"关联的"（affiliated），如果该法人控制另一人或被该另一人控制，或该法人与该另一人同时受同一人控制；

（ii）被一缔约国人员"控制的"（controlled），如果这些人员有权提名其多数董事或以其他方式合法指导其行动；

（iii）被一缔约国的人员"拥有的"（owned），如果这些人员拥有该法人50%以上的股权；

（e）"另一缔约国的法人"是指下列法人：

（i）根据另一缔约国的法律成立或以其他方式组织，并在该缔约国或者任何其他缔约国境内从事实质性商业活动的；或

（ii）如果通过商业存在提供服务，由下列人员或法人拥有或控制：

1. 该缔约国之自然人；或

2. 根据上述（i）项确定的另一缔约国的法人；

（f）"措施"是指缔约国采取的任何措施，不论是以法律、条例、规则、程序、决定、行政行为的形式或任何其他形式作出；

（g）"缔约国影响服务贸易的措施"包括涉及下列方面的措施：

（i）服务的购买、付费或使用；

（ii）与服务提供相关的、一缔约国要求向公众一般提供的服务的获得和使用；

（iii）一缔约国人员为提供服务在另一缔约国领土内的存在，包括商业存在。

（h）"服务的垄断提供者"是指在缔约国领域内的有关市场中被该缔约国形式上或事实上授权或确定为该服务的独家提供者的任何公私性质的人；

（i）"另一缔约国的自然人"是指居住在另一缔约国或任何其他缔约国领土内的自然人，并且根据其法律：

(i) 是其国民；或

(ii) 有永久居留权；

(j) "人"是指自然人或法人；

(k) 服务"部门"是指：

(i) 对于某一项具体承诺，是指在某一缔约国具体承诺列表中指明的一个或多个或所有分部门；

(ii) 在其他情况下，则指该服务部门的全部，包括其所有分部门。

(l) "另一缔约国的服务"是指：

(i) 从另一缔约国领土内或在另一缔约国领土内提供的服务，或在海上运输的情况下，由根据另一缔约国法律登记的船舶提供的服务，或由通过船舶的营运和/或船舶的全部或部分使用而提供服务的另一缔约国的人员提供的服务；或

(ii) 在通过商业存在或自然人存在提供服务的情况下，由另一缔约国的服务提供者提供的服务；

(m) "服务消费者"是指接受或使用服务的任何人①；

(n) "服务提供者"是指提供服务的任何人；

(o) "提供服务"包括服务的生产、分销、营销、销售和交付；

(p) "服务贸易"是指：

(i) 从一缔约国领土向任何其他缔约国领土内提供服务；

(ii) 在一缔约国境内，向任何其他缔约国的服务消费者提供服务；

(iii) 由一缔约国的服务提供者通过在任何其他缔约国领土内的商业存在提供服务；

---

① 如果服务不是法人直接提供而是通过诸如分支机构或代表办公室等其他形式的商业存在提供的，服务提供者（例如法人）通过此类存在应被给予根据本协定授予给服务提供者的待遇。此类待遇应授予服务据以提供的商业存在，而不必授予位于服务提供地之外的服务提供者的任何其他部分。

（iv）一个缔约国的服务提供者，通过在任何其他缔约国领土内的自然人存在提供服务。

第二部分　适用范围

第二条　适用范围

1. 本议定书适用于缔约国影响服务贸易的措施。

2. 就本议定书而言，服务贸易以本议定书第一条（p）项所界定的四种服务供应模式为基础。

3. 就本议定书而言：

（a）"缔约国的措施"是指：

（i）缔约国的中央、地区或地方政府和机关采取的措施；以及

（ii）非政府机构在行使缔约国中央、地区或地方政府或机关授予的权力时所采取的措施。

各缔约国在履行《议定书》规定的义务和承诺时，均应采取其所能采取的合理措施，确保其领土内的地区和地方政府及机关和非政府机构遵守这些义务和承诺；

（b）"服务"包括任何部门的任何服务，但为行使政府权力而提供的服务除外；以及

（c）"为行使政府权力而提供的服务"是指既不以商业为基础，也不与一个或多个服务供应商竞争的任何服务。

4. 政府机构为政府目的而不是为了商业转售而进行的采购不在本议定书的范围之内。

5. 本议定书不适用于影响以下方面的措施：

（a）航权，无论以何种方式授予；以及

（b）与航权行使直接有关的服务。

6. 本议定书应适用于影响以下方面的措施：

（a）航空器的修理和保养服务；

（b）空运服务的销售和营销；以及

（c）计算机订座系统（CRS）服务。

第三部分　目标

第三条　目标

1. 本议定书的主要目标是支持实现《非洲大陆自由贸易区协定》第三条所规定的各项目标，特别是为服务贸易建立一个单一的自由市场。

2. 本议定书的具体目标是：

（a）通过下列途径提高服务业的竞争力：规模经济、降低商业成本、加强大陆市场准入以及改善资源分配，包括发展与贸易有关的基础设施；

（b）根据可持续发展目标促进可持续发展；

（c）促进国内外投资；

（d）加快工业发展，促进区域价值链的发展；

（e）通过消除服务贸易壁垒，在公平、平衡和互利的基础上逐步开放整个非洲大陆的服务贸易；

（f）确保服务贸易自由化与具体服务部门各附件之间的一致性和互补性；

（g）按照《服务贸易总协定》第五条的规定，通过扩大自由化的深度和范围，增加、改善和发展服务出口，同时充分保留管制和实行新条例的权利，实现服务贸易自由化；

（h）促进和加强缔约国在服务贸易方面的共识与合作，以提高其服务市场的能力、效率和竞争力；

（i）推动服务领域的研究和技术进步，以加速经济和社会发展。

第四部分 一般义务和纪律

第四条 最惠国待遇

1. 就本议定书所涵盖的任何措施，各缔约国均应在生效后，立即无条件地给予任何其他缔约国的服务和服务提供者不低于其给予任何第三方的同类服务和服务提供者的待遇。

2 本议定书的任何规定均不得妨碍缔约国根据《服务贸易总协定》第五条与第三方订立新的优惠协定，但此种协定不得妨碍或损害本议定书的目标。这种优惠待遇应在互惠和非歧视的基础上给予所有缔约国。

3. 尽管有第1款的规定，两个或两个以上缔约国可进行谈判，并同意根据本议定书的目标，开放特定部门或子部门的服务贸易。其他缔约国应有机会在互惠的基础上谈判所给予的优惠。

4. 尽管有第2款的规定，作为本议定书成员国或受益国的某一缔约国，没有义务将在本议定书生效前给予任何第三方的约定优惠给予其他缔约国。该缔约国可以为其他缔约国提供机会，在互惠的基础上谈判所给予的优惠。

5. 本议定书的规定不应被解释为阻止任何缔约国向毗邻国家授予或给予优惠，以推动仅限于毗邻边境地区的本地生产和消费的服务的交换。

6. 缔约国可以维持与第1款不一致的措施，条件是该措施已列入最惠国待遇豁免名单。商定的最惠国待遇豁免清单应附在本议定书之后。缔约国应定期审查最惠国待遇豁免，以确定哪些最惠国待遇豁免可以取消。

第五条 透明度

1. 除紧急情况外，缔约国均应最迟在相关措施生效时，在可以查阅的媒介①中，迅速公布这些与本议定书的实施有关或影响本议定书实施的所有普遍适用的措施。缔约国签署的有关或影响服务贸易的国际和区域协定也应予以公布。

2. 各缔约国均应将其在本议定书生效之前或之后与第三方签订的任何有关或影响服务贸易的国际和区域协定通知秘书处。

3. 各缔约国应立即并至少每年向秘书处通报任何新的或对现行议定书中明显影响服务贸易的法律、法规或行政指导方针的任何变化。

4. 缔约国向秘书处提交通知的，秘书处应当及时将该通知分发给所有缔约国。

5. 各缔约国均应当迅速答复任何其他缔约国提出的关于其一般适用措施或第 1 款所指的国际和（或）区域协定的具体资料的所有请求。缔约国还应答复任何其他缔约国提出的、涉及可能对本议定书的实施产生重大影响的实际措施或拟议措施的任何问题。

6. 各缔约国均应当指定有关的咨询点，在收到相关请求后，向缔约国提供涉及服务贸易以及符合上述通知要求的所有此类事项的具体资料。

第六条　保密资料的披露

本议定书任何规定均不得要求任何缔约国披露机密信息和数据，如果此类信息和数据的披露将妨碍执法，或以其他方式违背公共利益，或损害特定公私企业的合法商业利益。

第七条　特殊和差别待遇

为了确保所有缔约国更多地、有益地参与服务贸易，缔约国应：

（a）特别考虑逐步开放服务部门的承诺和服务供应模式，以促进关键部门的增长、社会和经济可持续发展；

（b）在实施本议定书以建立综合和自由化的单一服务贸易时，要考

---

① 例如，利用非盟的官方语言通过政府公报、时事通讯、议事录或网站予以公布。

虑到缔约国可能遇到的挑战，并可在行动计划框架内，在个案基础上，赋予诸如过渡期等此类的灵活措施，以适应特殊的经济形势和发展、贸易及金融需求；及

（c）特别考虑通过大陆支持方案提供技术援助和能力建设。

第八条　监管的权利

各缔约国为实现国家政策目标，均可对其境内的服务和服务供应商进行监管并制定新的规章，只要此类规章不损害本议定书项下的任何权利和义务。

第九条　国内规制

1. 对于作出具体承诺的部门，各缔约国均应确保影响服务贸易的所有普遍适用的措施将以合理、客观、透明和公正的方式实施。

2. 各缔约国均应当在切实可行的范围内，维持或尽快设立司法、仲裁或行政法庭或程序，在受影响的服务提供者请求时，对影响服务贸易的行政决定及时进行审查，并在请求有正当理由的情况下，采取适当的救济。如果此类程序不独立于作出有关行政决定的机构，缔约国就应确保这些程序确实提供了客观和公正的审查。

3. 如根据本议定书开放的服务的提供需要获得授权，则缔约国主管机关应当在提交根据国内法律和法规被认为完整的申请后的合理期限内，将有关申请的决定通知申请人。应申请人的请求，缔约国主管机关应毫不迟延地提供有关申请进展情况的资料。

第十条　相互承认

1. 为使服务提供者获得授权、许可或者证书的标准或准则得到全部或部分实施，并根据本条第 3 款的要求，缔约国可以承认在另一缔约国获得的教育或经历、所满足的要求或所颁发的许可或证书。这种承认可以通过协调或其他方式实现，可通过相关缔约国达成的协议或安排进行，也可自动给予。

2. 作为本条第 1 款所指类型的协议或安排的缔约国，无论此类协议或安排是现有的还是未来的，该缔约国都应为其他有利害关系的缔约国提供充分的机会，使其能够通过谈判加入此类协议或安排，或谈判签订与此类似的协议或安排。一缔约国自动给予承认的，应当为任何其他缔约国提供充分的机会来证明，在另一缔约国境内取得的教育、经历、许可或证书或所满足的要求应当得到承认。

3. 一方缔约国在适用其服务提供者获得授权、许可或证书的标准或准则给予承认时，不得在缔约国之间采取歧视的方式，也不得构成对服务贸易的变相限制。

4. 各缔约国均应：

（a）自本协定生效之日起十二个月内，将其现有的承认措施通知秘书处，并说明这些措施是否基于本条第 1 款所指类型的协议或安排作出；

（b）尽快通过秘书处提起将关于本条第 1 款所述类型的协定或安排的谈判开始的情况通知缔约国，以便向任何其他缔约国提供充分的机会，以表明它们有兴趣参加谈判以便进入实质性阶段；以及

（c）在通过新的承认措施或对现有措施进行重大修改时，尽快通过秘书处通知其他缔约国，并说明这些措施是否基于本条第 1 款所述类型的协定或安排作出。

5. 在可能的适当的情况下，承认应以《非洲大陆自由贸易区协定》缔约国商定的标准为基础。在适当情况下，缔约国应与有关政府间组织和非政府组织合作，制定和采用有关承认的共同的大陆标准和准则以及有关服务行业和职业实践的共同的大陆标准。

第十一条　垄断和专营服务提供者

1. 各缔约国均应保证其境内的任何垄断服务提供者在提供有关市场的垄断服务时，不得违反其在本议定书下的义务和具体承诺。

2. 如果缔约国的服务垄断提供者直接或通过其关联公司参与其垄断权范围以外且受该缔约国具体服务承诺约束的服务供应方面的竞争，则该缔约国应确保该服务提供者不滥用其垄断地位在其境内以与此种承诺不一致的方式行事。

3. 如某一缔约国有理由相信任何其他缔约国的垄断服务提供者的行为不符合本条第 1 款和第 2 款规定的，则该缔约国可以请求设立、保留或授权该服务提供者的缔约国提供有关业务的具体资料。

4. 如果在本议定书生效之日后，一缔约国就其具体承诺所涵盖的服务的供应授予垄断权，则该缔约国应不迟于授予垄断权的计划实施前三个月通知秘书处，而且有关修改具体承诺的规定将予适用。

5. 本条的规定也应适用于专营服务提供者的情况，如果某一缔约国形式上或实际上：

（a）授权或设立少量服务提供者；而且

（b）在其境内实质性地防止这些服务提供者之间的竞争。

第十二条　反竞争商业行为

1. 缔约国承认，服务提供者的某些商业行为，除涉及垄断和专营服务提供者的商业行为外，可能会限制竞争，从而限制服务贸易。

2. 各缔约国均应在其他缔约国提出请求后进行磋商，以期消除本条第 1 款所提到的行为。相关缔约国应答复这一请求，并应通过提供与所涉事项有关的公开的非机密信息进行合作。相关缔约国还应向请求缔约国提供其他可获得的资料，但须符合其国内法，并须就请求缔约国保障其机密性达成令人满意的协议。

第十三条　支付和转移

1. 除本议定书第十四条规定的情形外，缔约国不得对与其具体承诺有关的经常性交易的国际转移和支付实行限制。

2. 本议定书的任何规定均不影响国际货币基金组织成员在该组织协

定条款下的权利和义务，包括使用符合协定条款的汇兑行动，但除非本议定书第十四条另有规定，或应基金的请求，缔约国不得对与其关于此类交易的具体承诺不符的任何资本交易施加限制。

第十四条 保障国际收支平衡的限制

1. 在发生严重的国际收支和外部财政困难或有这种困难威胁的情况下，缔约国可以对其作出具体承诺的服务贸易，包括对与这种承诺有关的交易的支付或转移，采取或维持限制。缔约国承认，当某一缔约国在经济发展或经济转型过程中面临收支的特殊压力时，它可采取限制措施，以确保维持足够的财政储备，以执行其经济发展或经济转型方案。

2. 本条第 1 款所称限制：

（a）不应在缔约国间造成歧视；

（b）应符合国际货币基金组织的协定条款；

（c）应避免对任何其他缔约国的商业、经济和金融利益造成不必要的损害；

（d）不得超过处理本条第 1 款所述情形所必需的限度；以及

（e）应是临时性的，并随着本条第 1 款所述情况的改善而逐步取消。

3. 在确定这种限制的范围时，缔约国可以给予对其经济或发展方案更为重要的服务供应以优先考虑。但是，不得为保护特定的服务部门而采取或维持这种限制措施。

4. 根据本条第 1 款通过或维持的任何限制措施或其中的任何变动，应立即通知秘书处。

5. 适用本条规定的缔约国应就根据本条采用的限制措施在服务贸易委员会内迅速进行磋商。

6. 服务贸易委员会应制定定期磋商程序，以便向有关缔约国提出其认为适当的建议。

7. 此种磋商应评估有关缔约国的国际收支状况以及根据本条通过或

维持的限制措施，其中应考虑到下列因素：

（a）国际收支和外部财政困难的性质和程度；

（b）磋商缔约国的外部经济和贸易环境；以及

（c）可用的替代纠正措施。

8. 磋商应讨论遵守本条第 2 款的任何限制措施的问题，特别是根据本条第 2 款（e）项逐步取消限制的问题。

9. 在这种磋商中，国际货币基金组织提出的有关外汇、货币储备和国际收支的所有统计结果和其他事实，应予以接受，并根据基金对国际收支和磋商缔约国外部财政状况的评估得出结论。

10. 如果不是国际货币基金组织成员的缔约国希望适用本条的规定，部长理事会应制定一项审查程序和任何其他必要程序。

第十五条　一般例外

本议定书不得解释为阻止任何缔约国采取或执行下列措施，但须符合这样的要求，即此类措施的实施方式不得构成缔约国之间在有类似条件的情况下的任意的或不合理的歧视，或变相限制服务贸易：

（a）为保护公共道德或维持公共秩序[①]所必需的；

（b）为保护人类、动物或植物的生命或健康所必需的；

（c）确保遵守与本议定书的规定不相抵触的法律或条例，包括与下列法律或条例：

（i）涉及预防欺骗和欺诈行为或涉及对服务合同违约后果的处理；

（ii）涉及与个人数据的处理和传播有关的个人隐私保护以及个人记录和账户的机密性的保护；

（iii）安全；

（d）与国民待遇不一致的措施，只要此种待遇差异的目的是确保对其

---

① 只有在对一项社会的根本利益构成真正和足够严重的威胁时，才可援引公共秩序例外。

他缔约国的服务或服务提供者公平或有效地征收或收缴直接税；以及①

（e）与最惠国义务不一致的措施，只要此类待遇差异是由于一项关于避免双重征税的协定，或缔约国受其约束的任何其他国际协定或安排中关于避免双重征税的规定造成的。

第十六条 安全例外

1. 本议定书不得解释为：

（a）要求任何缔约国提供任何信息，只要该缔约国认为此类信息的披露会违反其基本的安全利益；或

（b）防止任何缔约国为保护其基本安全利益而采取其认为必要的任何行动：

（i）涉及为军事设施补给而直接或间接实施的服务提供；

（ii）涉及核裂变和聚变材料或其衍生材料；以及

（iii）在战时或国际关系中的其他紧急情况下采取的；或

（c）防止任何缔约国为履行其根据《联合国宪章》承担的维护国际和平与安全的义务而采取任何行动。

2. 应尽可能将根据本条第 1 款（b）项和第 1 款（c）项采取的措施及其终止情况通知秘书处。

第十七条 补贴

1. 本议定书不得解释为阻止缔约国在其发展方案中使用补贴。

---

① 旨在确保公平或有效征收或征收直接税的措施包括缔约国在其税收制度下采取的下列措施：a. 适用于非居民服务提供者，基于非居民的纳税义务是根据在该缔约国领土内来源或产生的应税项目所确定的；或 b. 适用于非居民，以确保在该缔约国境内征税或收税；或 c. 适用于非居民或居民，以防止避税或逃税，包括合规措施；或 d. 适用于在另一缔约国境内或从另一缔约国境内提供的服务的消费者，以确保对此类消费者就产生于该缔约国境内的资源征税或收税；或 e. 对全球应纳税项目征税的服务提供者与其他服务提供者进行区分，以确认它们之间税基性质的差异；或 f. 确定、分配或分摊居民或分支机构的收入、利润、收益、损失、扣除或抵免，或在其关联人员或分支机构之间进行分配或抵免，以保障该缔约国的税基。第十五条（d）项和本脚注中的税务术语或概念是根据采取此类措施的缔约国的国内法中有关税务的定义和概念或同等或类似的定义和概念确定的。

2. 缔约国应当就其向国内服务提供者提供的与服务贸易有关的一切补贴的信息交流和审查机制作出决定。

3. 任何缔约国如认为受到另一缔约国补贴的不利影响，可要求就该等事项与该缔约国进行协商。这种要求应得到同情的考虑。

第五部分　逐步自由化

第十八条　逐步自由化

1. 缔约国应随着监管合作和部门纪律的发展，基于逐步自由化的原则，在考虑到旨在加强区域和大陆所有贸易领域一体化的1991年《阿布贾条约》的宗旨并遵守逐步实现设立非洲经济共同体这一最终目标的一般原则情况下，进行连续回合谈判。

2. 缔约国应在必要时，考虑到区域经济共同体的最佳做法和成果，并考虑到谈判达成的关于监管合作部门的协定，通过为每个部门制定监管框架，就具体部门的义务进行谈判。缔约国同意，在非洲大陆自由贸易区设立后，应根据服务贸易委员会商定的工作方案，启动这一进程继续进行谈判。

3. 自由化进程应着重逐步消除措施对服务贸易的不利影响，作为提供有效市场准入的手段，以期促进非洲内部的服务贸易。

4. 服务贸易优先部门和类型清单应作为本议定书的附件，并应构成本议定书的组成部分。

5. 各成员国制订的过渡执行工作方案应在《非洲大陆自由贸易区协定》生效前，指导本议定书的第一阶段谈判的完成。

第十九条　市场准入

1. 对于通过本议定书第一条（p）项所确定的服务提供模式的市场准入问题，各缔约国均应给予任何其他缔约国的服务和服务提供者不低于根据其附件中所商定和规定的条款、限制和条件所规定的待遇。①

2. 在作出市场准入承诺的部门，除非附件另有规定，缔约国不得在其某一地区或其全部领土内维持或采取下列措施：

（a）无论以数量配额、垄断、专营服务提供者的形式，还是以经济需求测试要求的形式，限制服务提供者的数量；

（b）以数量配额或经济需求测试要求的形式，限制服务交易或资产的总价值；

（c）以配额或经济需求测试要求的形式，限制服务业务总数或以指定数量单位表示的服务产出总量②；

（d）以数量配额或经济需求测试要求的形式，限制某一特定服务部门或某一服务提供者可雇用的、提供特定服务所必需且与之直接相关的自然人的总数；

（e）限制或要求服务提供者通过特定类型的法人实体或合营企业提供服务的措施；以及

（f）以限制外国股权最高百分比或限制单个或总体外国投资总额的方式，限制外国资本的参与。

第二十条　国民待遇

1. 对于附件承诺表所列各部门，在遵守其中所列任何条件和资格的情况下，各缔约国均应给予任何其他缔约国的服务和服务提供者的待遇，不得低于其给予本国同类服务和服务提供者的待遇。

2. 一缔约国可通过对任何其他缔约国的服务或服务提供者给予与其本国同类服务或服务提供者形式上相同或不同的待遇，满足第 1 款的要求。

---

① 如果一缔约国就通过第一条（p）项所界定的提供模式提供服务承担了市场准入的义务，而且如果跨境资本流通是服务本身的重要组成部分，该缔约国就因此有义务允许此类资本流通。如果一缔约国承担了上述市场准入义务，它就因此有义务允许相关资本转移至其境内。

② 第一条（g）（iii）没有包括缔约国采取的限制服务提供投入的措施。

3. 如形式上相同或不同的待遇改变竞争条件，与另一缔约国的同类服务或服务提供者相比，有利于该缔约国的服务或服务提供者，则此类待遇应被视为较为不利的待遇。

第二十一条　附加承诺

缔约国可就影响服务贸易、但根据第十九条或第二十条不需列入减让表的措施，包括但不限于有关资格、标准或许可事项的措施的承诺进行谈判。此类承诺应列入一缔约国的具体承诺减让表中。

第二十二条　具体承诺表

1. 各缔约国均应在承诺表中列明其根据本议定书第十九条、第二十条和第二十一条所作的具体承诺。

2. 对于作出承诺的部门，每一具体承诺表应具体说明：

（a）市场准入的条款、限制和条件；

（b）国民待遇的条件和资格；

（c）与附加承诺有关的承诺；以及

（d）在适当时，此类承诺的实施期限，包括生效日期。

3. 与本议定书第十九条和第二十条不一致的措施，应列入与本议定书第十九条有关的栏目。在这种情况下，列入的内容也将被视为是为本议定书第二十条提供了条件或资格。

4. 具体承诺表、服务贸易模式和优先部门清单一经通过，即构成本议定书的组成部分。

5. 各成员国制订的过渡执行工作方案将在《非洲大陆自由贸易区协定》生效前指导完成关于本议定书的第一阶段谈判。

第二十三条　具体承诺表的修改

1. 缔约国（在本条中称为"修改缔约国"）可以根据本条的规定，自某一承诺生效之日起三年后的任何时间，修改或撤回其在承诺表中作出的这一承诺。

2. 修改缔约国应当在修改或撤回预定实施日期前至少不少于三个月时间内，将修改或撤回承诺的意向通知秘书处。秘书处应立即向缔约国分发这一信息。

3. 如果某一缔约国根据本议定书享有的利益可能受到根据本条第 2 款通知的拟议的修改或撤回的影响（在本条中称为"受影响的缔约国"），则应其请求，修改缔约国应进行谈判，以期就任何必要的补偿性调整达成协议。在这种谈判和协议中，有关缔约国应努力保持互利承诺的总体水平，这种承诺对贸易的有利程度不低于谈判前承诺中的有利程度。

4. 补偿性调整应在最惠国的基础上进行。

5. 修改缔约国与任何受影响缔约国在规定的谈判期限届满前未达成协议的，该受影响缔约国可以将该事项提交争端解决。任何受影响的缔约国如果希望行使其可能获得赔偿的权利，都必须参加争端解决程序。

6. 如果受影响缔约国没有要求解决争端，修改缔约国应在合理期限内自由实施拟议的修改或撤回。

7. 在其根据争端解决结果作出补偿性调整前，修改缔约国不得修改或撤回任何承诺。

8. 如果修改缔约国实施其拟议的修改或撤回，并且不遵守仲裁结果，参与解决争端的任何受影响缔约国均可根据这些结果修改或撤回实质上等同的利益。尽管有本议定书第四条规定的义务，这种修改或撤回认可仅针对修改缔约国实施。

9. 服务贸易委员会应为此类谈判提供便利，并设立相关的适当程序。

第二十四条　利益拒绝给予

在事先通知和磋商的情况下，一缔约国可以拒绝将本议定书的利益给予另一缔约国的服务提供者，如果服务是由非缔约国的法人提供的，并且该法人与另一缔约国的经济没有实际和持续的联系，或在另一缔约国或任何其他缔约国领土内的只有微不足道的商业活动或根本没有商业活动。

第六部分　机构规定

第二十五条　协商和解决争端

《关于争端解决的规则和程序议定书》的规定应适用于根据本议定书进行的磋商和争端解决。

第二十六条　执行、监督和评估

1. 部长理事会应根据《非洲大陆自由贸易区协定》第十一条设立服务贸易委员会，该委员会应履行部长理事会可能指派给它的职能，以推动本议定书的实施和进一步实现其目标。委员会可设立其认为适当的附属机构，以有效履行其职能。

2. 服务贸易委员会主席由缔约国选举产生。

3. 服务贸易委员会应为缔约国编写年度报告，以推动本议定书的执行、监督和评估进程。

第二十七条　技术援助、能力建设与合作

1. 缔约国认识到技术援助、能力建设和合作的重要性，以便强化服务自由化，支持缔约国努力加强其提供服务的能力，并促进本议定书各项目标的实施和实现。

2. 缔约国同意，在可能的情况下与发展伙伴合作，调动资源并采取措施，支持缔约国的国内努力，特别希望：

（a）为服务贸易提供能力建设和培训；

（b）提高服务提供者收集国际、大陆、区域和国家相关规章和标准的信息并遵守这些规章和标准的能力；

（c）支持收集和管理服务贸易统计数据；

（d）提高正规和非正规服务提供者的出口能力，特别关注微型、小

型和中型服务提供者；妇女和青年服务提供者；

（e）支持相互承认协定的谈判；

（f）促进缔约国服务提供者之间的互动和对话，以促进在市场准入机会、同行学习和分享最佳做法方面的信息共享；

（g）在缔约国为支持制定和采用标准而根据本议定书作出承诺的部门，解决质量和标准方面的需要；

（h）在大陆、区域和国家层面，特别是在缔约国已作出具体承诺的部门，制定和执行具体服务部门的管理制度。

3. 秘书处应与缔约国、区域经济共同体和伙伴一起努力，协调提供技术援助。

第二十八条　本议定书附件

1. 成员国可为执行本议定书拟订附件，特别是：

（a）具体承诺表；

（b）最惠国待遇豁免清单；

（c）空运服务；

（d）优先部门清单；

（e）监管合作的框架文件。

2. 大会通过后，这些附件应成为本议定书的组成部分。

3. 缔约国可以为执行本议定书制定附加附件，供大会通过。大会通过后，这些附件应成为本议定书的组成部分。

第二十九条　修正

本议定书应根据《非洲大陆自由贸易区协定》第二十九条的规定加以修正。

四 《关于争端解决的规则和程序议定书》

我们非洲联盟成员国,

协议如下:

第一条　定义

(a)"AB"系指根据本议定书第二十条设立的上诉机构(appellate body);

(b)"申诉方"系指根据本协定启动争端解决程序的缔约国;

(c)"协商一致"系指在作出决定时出席争端解决机构会议的缔约国没有一个正式反对该决定;

(d)"日"系指工作日,但涉及易腐货物时,系指公历日;

(e)"争端"系指缔约国之间就其权利和义务围绕《非洲大陆自由贸易区协定》的解释和/或适用发生的分歧;

(f)"争端解决机构(争端解决机构)"系指根据本议定书第五条设立的争端解决机构;

(g)"专家组"系指根据本议定书第九条设立的争端解决专家组;

(h)"争端或程序的当事方"系指争端或程序的缔约国;

(i)"有关缔约国"是争端解决机构的裁决和建议所针对的缔约国;以及

(j)"第三方"是指在争端中有重大利害关系的缔约国。

第二条　目标

本议定书规定了根据《非洲大陆自由贸易区协定》第二十条建立的争端解决机制的管理程序，旨在确保争端解决进程透明、负责、公平、具有可预见性并符合《非洲大陆自由贸易区协定》的规定。

第三条　适用范围

1. 本议定书适用于缔约国之间因《非洲大陆自由贸易区协定》规定项下的权利和义务而发生的争端。

2. 本议定书的适用应遵守《非洲大陆自由贸易区协定》所载的关于解决争端的特别和附加规则和程序。如果本议定书的规则和程序与《非洲大陆自由贸易区协定》中的特别或附加规则和程序之间存在差异，则应以特别或附加规则和程序为准。

3. 就本条而言，当申诉方根据本议定书第七条要求进行磋商时，争端解决程序应视为已根据本议定书启动。

4. 已就某一具体事项已启用本议定书规则和程序的缔约国，不得就同一事项诉诸另一法院以解决该争端。

第四条　一般规定

1. 非洲大陆自由贸易区的争端解决机制是为区域贸易体系提供安全和可预见性的核心要素。争端解决机制应维护缔约国在《非洲大陆自由贸易区协定》项下的权利和义务，并根据国际公法解释的习惯解释规则澄清《非洲大陆自由贸易区协定》的现有规定。

2. 争端解决机构作出的建议或裁决应旨在根据《非洲大陆自由贸易区协定》项下的权利和义务，实现争端的圆满解决。

3. 争端双方对根据本议定书的磋商和争端解决规定正式提出的事项商定解决方案，应通知争端解决委员会，任何缔约国均可在该委员会就此提出任何观点。

4. 对根据本议定书协商和争端解决规定正式提出的事项作出的所有

解决方案，包括仲裁裁决，均应符合《非洲大陆自由贸易区协定》的规定。

5. 请求调解、斡旋、调停和使用争端解决程序不应被用作或被视为挑衅行为。如果发生争端，缔约国将本着诚意参与这些程序，努力解决争端。此外，不应将不同事项的申诉和反诉联系起来。

6. 专家组和上诉机构在其调查结果和建议中，不得增加或减少缔约国根据《非洲大陆自由贸易区协定》享有的权利和承担的义务。

第五条 争端解决机构

1. 除《非洲大陆自由贸易区协定》另有规定外，根据该协定第二十条设立争端解决机构，以执行本议定书的规定。

2. 争端解决机构由缔约国的代表组成。

3. 争端解决机构有权：

（a）设立争端解决专家组和上诉机构；

（b）通过专家组和上诉机构的报告；

（c）对专家组和上诉机构的裁决和建议的执行情况进行监督；

（d）授权中止减让和《非洲大陆自由贸易区协定》规定的其他义务。

4. 争端解决机构应有自己的主席，并应制定其认为履行职责所必需的议事规则。争端解决机构主席应由缔约国选举产生。

5. 争端解决机构应在必要时举行会议，以履行本议定书规定的职能。

6. 本议定书的规则和程序规定由专家组作出决定的，专家组应以协商一致方式作出决定。

7. 争端解决机构应将与《非洲大陆自由贸易区协定》条款有关的任何争端通知秘书处。

第六条 争端解决机制下的程序

1. 缔约国之间发生争端的，应当首先进行磋商，以期友好解决争端。

2. 如争端各方未能友好解决争端，争端任何一方应在通知争端其他各方后，通过主席将此事提交争端解决机构，并请求设立争端解决专家组（以下简称"专家组"），以解决争端。

3. 争端解决机构应通过甄选专家组的议事规则，包括行为问题，以确保公正性。

4. 专家组应启动本议定书规定的正式解决争端的程序，争端各方应本着诚意，及时遵守专家组就程序事项可能向其发出的任何指示、裁定和规定，并应以专家组规定的格式提出意见、论点和反驳。

5. 争端解决机构应就争议作出决定，其决定应为最终的并对争端各方具有约束力。

6. 如果争端当事方认为诉诸仲裁作为解决争端的第一途径是便利的，争端当事方就可按照本议定书第二十七条的规定进行仲裁。

第七条 磋商

1. 缔约国为鼓励友好解决争端，申明决心加强和完善缔约国所采用的磋商程序的效力。

2. 各缔约国承诺对另一缔约国就影响《非洲大陆自由贸易区协定》实施的措施所作的任何陈述给予关注，并提供充分的磋商机会。

3. 磋商请求应通过秘书处以书面形式通知争端解决机构，说明请求的理由，包括指明争议事项并说明申诉的法律依据。

4. 根据本议定书提出磋商请求的，除非双方另有约定，否则请求所针对的另一缔约国应在收到请求后十（10）天内答复请求，并应在收到请求后三十（30）天内进行真诚磋商，以期达成双方满意的解决办法。

5. 请求所针对的缔约国在收到请求之日起十（10）天内没有答复，或者在收到请求之日起三十（30）天内或者在双方约定的其他期限内没有进行磋商的，请求进行磋商的缔约国可以将争议事项提交给争端解决机构，请求设立专家组。

6. 在磋商过程中并在根据本议定书采取进一步行动之前，缔约国应努力使争端得到令人满意的解决。

7. 磋商应：

（a）保密；并且

（b）不得在任何进一步的程序中损害任何缔约国的权利。

8. 如果争端当事国未能在收到磋商请求之日起六十（60）天内通过磋商解决争端，申诉方可将此事提交争端解决机构，以便设立专家组。除非当事方另有约定，磋商可以在被诉方的领土内进行。除非争端缔约国同意继续或暂停磋商，否则磋商应视为在六十（60）天内结束。

9. 在紧急情况下，包括易腐货物情况下：

（a）缔约国应在收到请求之日起十（10）天内进行磋商；

（b）如果双方未能在收到请求之日后二十（20）天内通过磋商解决争议，申诉方可将该事项提交争端解决机构，以设立专家组；

（c）根据附件5关于非关税壁垒的规定（附件2：消除和合作消除非关税壁垒的程序），如果在双方约定的解决方案达成后而且在事实报告发布后，一缔约国仍未能解决非关税壁垒问题，则请求缔约国应诉诸争端解决专家组程序。尽管有本议定书的规定，上述争端各方可同意根据本议定书第二十七条的规定将该事项提交仲裁；以及

（d）争端各方、争端解决机构、专家组和上诉机构应尽一切努力尽最大可能地加快程序。

10. 非争端当事方的缔约国认为其在磋商中具有实质性贸易利益的，可以在磋商请求发出后十（10）天内，向争端当事国请求加入磋商程序。

11. 如果争端各方认为实质性利益的主张有充分理由，第三方就应加入磋商程序。如果参加磋商的请求未被接受，有争端的缔约国应通知

争端解决机构，在这种情况下，申请缔约国可自由要求进行磋商。

第八条 斡旋、调停和调解

1. 争端缔约国可以随时自愿进行斡旋、调停或者调解。涉及斡旋、调停或调解的程序应当保密，不得损害缔约国在任何其他诉讼中的权利。

2. 争端任何缔约国均可随时请求斡旋、调停或调解。争端任何缔约国均可随时开始并随时终止此类程序。一旦斡旋、调停或调解程序终止，申诉方可继续请求设立专家组。

3. 如斡旋、调解或调停在收到磋商请求之日起六十（60）天内开始，则起诉方在请求设立专家组之前，应给予自收到磋商请求之日起六十（60）天的时间。如争端各方共同认为斡旋、调解或调停过程未能解决争端，则起诉方可在六十（60）天期限内请求设立专家组。

4. 参加本条规定的程序的缔约国，如果认为斡旋、调停或调解程序未能解决争端，可随时中止或终止这些程序。

5. 如果争端当事国同意，在专家组进行过程中，斡旋、调停或调解程序可继续进行。

6. 任何争端缔约国均可要求秘书处秘书长协助斡旋、调停或调解过程，包括提供斡旋、调停或调解。此种请求应通知争端解决机构和秘书处。

第九条 专家组的设立

1. 如未能通过磋商友好解决争议，申诉方应以书面形式将争议提交争端解决机构，并要求设立专家组。应立即将专家组的组成通知争端各方。

2. 本条第1款所述请求应说明是否进行了磋商，指明所争议的具体措施，并提供足以清楚说明问题的申诉的法律依据摘要。

3. 如果申请方要求设立一个具有不同于标准职权范围的专家组，则书面请求应包括特别职权范围的拟议文本。

4. 争端解决机构会议应在设立专家组请求后十五（15）天内召开，但至少提前十天向争端解决机构发出会议通知。

5. 专家组应在本条第 4 款所述争端解决机构会议后十（10）天内组成。

第十条　专家组的组成

1. 秘书处应在《非洲大陆自由贸易区协定》生效后，制定和保留一份愿意并能够担任专家组成员的指示性名单或个人名册。

2. 各缔约国可每年向秘书处提名两位人选，列入指示性名单或名册，说明他们与《非洲大陆自由贸易区协定》有关的专门知识领域。个人指示性名单或名册应由秘书处提交争端解决机构审议和批准。

3. 列入指示性名单或名册的个人应：

（a）在法律、国际贸易、《非洲大陆自由贸易区协定》所涵盖的其他事项或解决国际贸易协定争端方面具有专门知识或经验；

（b）根据客观性、可靠性和良好判断力进行严格选择；

（c）应公正、独立于任何一方，并不隶属于或听命于任何一方；而且

（d）遵守由争端解决机构制定并由部长理事会通过的行为守则。

4. 专家组成员的挑选应确保其独立性和完整性，并应具有足够的多样性背景和在争议事项方面的广泛经验，除非争议各方另有约定。

5. 为确保和保持专家组成员的公正性和独立性，除非争端各方另有约定，争端缔约国国民不得在与该争端有关的专家组中任职。

6. 秘书处应向争端各方提出专家组成员的提名。除有令人信服的理由外，争端各方不得反对提名。

7. 如在专家组设立之日后三十（30）天内，争端各方未能就专家组组成达成一致意见，应争端任一方请求，秘书处秘书长与争端解决机构

主席协商并经争端缔约国同意，应通过任命被认为最合适的专家组成员的方式来确定专家组的组成。

8. 争端解决机构主席应在收到该请求之日起十（10）天内将小组的组成通知缔约国。

9. 如有两（2）个争端当事国，专家组应由三（3）名成员组成。如果有两（2）个以上的争端当事国，专家组应由五（5）名成员组成。

10. 专家组成员应以个人身份任职，不得以政府代表或任何组织的代表的身份行事。

11. 专家组成员在审议相关争议事项时，不得接受任何缔约国的指示或受其影响。

第十一条 专家组的职权范围

1. 除非争端各方在专家组成立后二十（20）天内另有约定，则专家组成员具有下列职权范围：

（a）根据争端各方援引的《非洲大陆自由贸易区协定》中的有关规定，审查申诉方提交给争端解决机构的事项；并

（b）作出调查结果以协助争端解决机构提出建议或作出《非洲大陆自由贸易区协定》所规定的裁决。

2. 专家组应处理争端各方援引的《非洲大陆自由贸易区协定》中的有关规定。

3. 在设立专家组时，争端解决机构可授权其主席与争端缔约国协商，并根据第1款的规定拟定专家组的职权。通过此种方式拟定的职权应分发给所有缔约国。如果商定了标准职权范围以外的其他职权，任何缔约国均可在争端解决机构中提出与此有关的任何观点。

第十二条 专家组的职能

1. 专家组的主要职能是协助争端解决机构履行其在《非洲大陆自由贸易区协定》下的职责。

2. 在履行这一职能时，专家组应客观评估争议事项，包括客观评估案件的事实、《非洲大陆自由贸易区协定》的可适用性以及是否符合该协定的有关规定，并作出调查结果，协助争端解决机构作出建议和裁决。

3. 专家组应定期与争端各方广泛协商，并给予它们充分的机会，以达成双方满意的解决办法。

第十三条　第三方

1. 在专家组的程序中，应考虑到所有争端当事方包括第三方的利益。

2. 第三方应在通过争端解决机构将其实质性利益通知专家组后，只要争议各方同意实质性利益的请求有充分理由，就会有获得听审的机会并向专家组提出书面意见。

3. 提交的意见书的副本应送达争端各方，并应反映在专家组的报告中。

4. 如果第三方认为已经成为专家组程序中的事项的某项措施，损害了其根据《非洲大陆自由贸易区协定》获得的利益或使其根据该协定应获得的利益无效，则该第三方可诉诸本议定书规定的正常争端解决程序。如有可能，此类争议应提交给原专家组。

5. 第三方应在专家组第一次会议上收到争端各方提交的材料。

第十四条　多方申诉程序

1. 如果不止一个缔约国就同一事项请求设立专家组，就可设立单一专家组审查这些申诉，同时考虑到所有相关缔约国的权利。在可行情况下，应设立单一专家组审查此类申诉。

2. 单一专家组应组织其审查，并将其调查结果呈交争端解决机构，单一专家组确保争议各方在诉诸不同的专家组审查申诉时本应享有的权利不会受到任何损害。如果争端一方提出要求，专家组应就有关争端分别提交报告。每一申诉方的书面陈述应提供给其他申诉方，每一申诉方应有权在另一申诉方向专家组提出意见时在场。

3. 如设立多个专家组审查就同一事项的申诉，则须尽可能由相同人员担任每个独立专家组的成员，并应协调处理此类争议的专家组程序时间表。

第十五条　专家组的程序

1 专家组的程序应提供足够的灵活性，以确保专家组有效和及时地解决争端。

2. 在与争端各方协商后，专家组成员应在专家组组成和确定其职权后七（7）天内确定专家组程序的时间表。拟好的时间表应分发给所有缔约国。

3. 在确定专家组程序的时间表时，专家组应在第 2 款所述七（7）天期满后的十（10）个工作日内，为争端各方提交书面材料设定精确的时限。争端各方应遵守规定的时限。

4. 专家组开展业务的期限，从专家组成立之日起至向争端各方发布最后报告之日止，不得超过五（5）个月。在紧急情况下，包括涉及易腐货物的情况，不得超过一个半（1½）月。

5. 如果争端各方未能达成双方满意的解决办法，专家组应以书面报告的形式将其调查结果提交争端解决机构。在这种情况下，专家组的报告应说明对事实的调查结果、有关规定的适用性以及其提出的任何调查结果和建议背后的基本理由。

6. 如争端各方之间已找到解决办法，专家组的报告应限于对案件的简要说明和已达成解决办法的报告。

7. 如果专家组确定其不能在五（5）个月内发布报告，或在紧急情况下不能在一个半 1½月内发布报告，专家组应立即书面通知争端解决机构延迟的原因，并附上专家组能够发布报告的期限的评估。如果专家组不能在本条第 4 款规定的期限内发布报告，专家组应在其组成之日起九（9）个月内发布报告。

8. 专家组的报告应在争端当事方不在场的情况下起草，并应以当事方和任何其他人、专家或机构根据本议定书提供的资料和证据为基础。

9. 专家组应作出一份反映大多数专家组成员的意见的单一报告。

10. 在不影响本条规定的情况下，专家组应遵循《专家组工作程序附件》中规定的工作程序，除非专家组在与争端各方协商后另有决定。

11. 应争端双方的要求，专家组应在双方商定的不超过十二（12）个月的期限内随时暂停工作，并应在申诉方的要求下，在商定期限结束时恢复工作。如果申诉方未在约定的暂停期限届满前要求恢复专家组工作，则该程序应终止。专家组工作的中止和终止不影响争端任何一方就同一事项在另一程序中的权利。

第十六条　获取信息的权利

1. 专家组有权在通知争端缔约国有关机关后，向其认为适当的任何来源寻求信息和技术咨询。

2. 专家组有权向任何缔约国获取信息和技术咨询，只要该缔约国不是争端当事方。

3. 如果专家组向某一缔约国获取信息或者技术咨询，该缔约国就应在专家组规定的时间内答复要求提供此类信息的请求。

4. 未经提供信息的来源的正式授权，不得披露所提供的机密信息。

5. 如果争端一方提出有关科学或其他技术事项的事实问题，专家组可要求具有相关资格和经验的专家评审组就此问题提出书面咨询报告。

6. 专家评审组的设立规则及其程序规定在《专家评审组附件》中。

7. 专家组可向任何有关来源获取信息，并可就可能提交其审议的任何事项征求专家的意见。

第十七条　保密

1. 专家组的审议应保密。

2. 争端一方应将争端另一方提交专家组并被指定为保密的任何信息视为机密。

3. 本议定书的任何规定不得妨碍争端一方向公众披露其立场声明。

4. 专家组的报告应在争端各方不在场的情况下，根据所提供的信息和所作的陈述起草。

5. 各专家组成员在专家组报告中发表的意见应匿名。

第十八条　专家组报告

1. 专家组应审议争端各方提出的反驳意见和论点，并向争端各方提交一份载有争端事实和论点的说明性章节的报告草稿。

2. 争端各方应在专家组规定的期限内，以书面形式向专家组提交对报告草稿的评论。

3. 考虑到根据本条第 2 款收到的任何评论，或在规定的收取此类评论的期限届满时，专家组应向争端当事方发出一份临时报告，其中应载有说明性章节及其调查结果和结论。

4. 在专家组规定的期限内，争端任何一方均可在向争端各方发布和分发最终报告之前，就临时报告的具体方面提出书面审查请求。

5. 应争端任何一方的请求，专家组应与争端各方举行会议，审查临时报告的具体方面。

6. 如果专家组在设定的收取临时报告的评论的规定期限内未收到任何评论，则临时报告应被视为专家组的最后报告，并应立即分发给争端各方和任何利害关系方，并应提交争端解决机构进行审议。

7. 专家组的最终报告应包括对在临时审查阶段提出的论点的讨论。

第十九条　专家组报告的通过

1. 为使缔约国有足够的时间审议专家组的报告，在专家组分发报告之日起二十（20）日届满前，专家组不得将报告提交争端解决机构进行审议。

2. 对专家组报告有异议的缔约国，应当向争端解决机构提出书面理由，说明其异议，其中可以包括发现新的事实，这些事实就其性质而言对裁决具有决定性影响，但：

（a）此类异议必须在审议专家组报告的争端解决机构会议召开前十（10）天内将通知争端解决机构；而且

（b）提出异议的当事方应将异议的副本送达争议的其他当事方和作出报告的专家组。

3. 争端各方应有权充分参与争端解决机构对专家组报告的审议，并应充分记录其意见。

4. 在专家组最终报告分发缔约国之日起六十（60）天内，除非争端一方正式将其上诉决定通知争端解决机构，或争端解决机构以协商一致方式决定不通过该报告，否则该报告应在为此目的召开的争端解决机构会议上审议、通过和签署。如果争端一方已通知其上诉决定，则在上诉完成之前，专家组的报告不应被争端解决机构考虑通过。除非本条另有规定，争端解决机构的决定应为最终决定。

5. 争议各方应有权在通过报告后七（7）天内获得一份经签署的报告副本。

6. 某一缔约国应在向争端解决机构提出上诉决定之日起三十（30）天内，向争端解决机构提交对专家组报告的上诉。

第二十条　上诉机构

1. 争端解决机构应设立常设上诉机构。上诉机构应听取对专家组案件的上诉。

2. 上诉机构由七（7）人组成，任何一个案件应由其中三（3）人任职。

3. 在上诉机构任职的人员应轮流任职。这种轮换应根据上诉机构的工作程序确定。

4. 争端解决机构应任命人员在上诉机构任职，任期四年，每人可再被任命一次。一旦出现空缺，即应予以填补。被任命接替任期未满的人员的人员，其任期为前任的剩余任期。

5. 争端解决机构应在空缺产生之日起两（2）个月内任命一（1）人填补空缺。

6. 如争端解决机构未能在两（2）个月内任命一人填补空缺，争端解决机构主席应与秘书处协商，并在一（1）个月内填补空缺。

7. 上诉机构应由公认权威人士组成，他们在法律、国际贸易和《非洲自由贸易区协定》事项方面具有公认的专业知识。

8. 上诉机构成员不得隶属于任何政府。上诉机构应广泛代表非洲大陆自由贸易区的成员。所有在上诉机构任职的人员应随时待命，并应随时了解非洲大陆自由贸易区的争端解决活动和其他相关活动。他们不得参与审议任何可能造成直接或间接利益冲突的争端。

第二十一条　上诉

1. 只有争端各方可对专家组报告提出上诉。已根据本议定书第十三条第2款通知争端解决机构对争议事项上有重大利害关系的第三方，可向争端解决机构提出书面意见，该机构应给予听取其陈述的机会。

2. 作为一般规则，程序自一争端方正式通知其上诉决定之日起至上诉机构分发其报告之日止通常不得超过六十（60）天。在决定其时间表时，上诉机构应考虑本议定书第七条第9款（d）项的规定，如果与该规定有关。当上诉机构认为不能在六十（60）天内提交报告时，应书面通知争端解决机构迟延的原因及提交报告的估计期限。但该程序决不能超过九十（90）天。

3. 上诉应限于专家组报告所涵盖的法律问题和专家组所作出的法律解释。

4. 上诉机构应根据需要提供适当的行政和法律支持。

5. 根据非盟的财务细则和条例，在非盟任职的人员的费用，包括旅费和生活津贴，应由非洲大陆自由贸易区的预算支付。

第二十二条　上诉审议程序

1. 工作程序由上诉机构经与争端解决机构主席协商后制定，并通报各缔约国供其参考。

2. 上诉机构的程序应保密。

3. 根据本条进行的上诉不得超过九十（90）天。

4. 上诉机构的报告应在争议各方不在场的情况下，根据所提供的信息和所作的陈述起草。

5. 在上诉机构任职的个人在上诉机构报告中发表的意见应匿名。

6. 上诉机构应在上诉程序中处理根据本议定书第二十一条第3款提出的每一个问题。

7. 上诉机构可维持、修改或推翻专家组组的法律调查结果及结论。

8. 上诉机构须编制一份单一报告，反映其大多数成员的意见。

9. 上诉机构报告应由争端解决机构通过，争端各方应无条件接受，除非争端解决机构在上诉机构报告分发给各缔约国后三十（30）天内，以协商一致方式决定不通过该报告。这一通过程序不得妨碍各缔约国就上诉机构报告发表意见的权利。

第二十三条　专家组和上诉机构的建议

如果专家组或上诉机构认为某项措施不符合《非洲大陆自由贸易区协定》，则应建议相关缔约国使该措施符合该协定。除其建议外，专家组或上诉机构还可向有关缔约国提出执行建议的方式。

第二十四条　对执行建议和裁决的监督

1. 缔约国应立即遵守争端解决机构的建议和裁决。

2. 相关缔约国应当在专家组或上诉机构报告通过之日后的三十（30）天内举行的争端解决机构会议上，将其有关执行争端解决机构的建议和裁决的意向通知争端解决机构。

3. 如果相关缔约国认为立即遵守争端解决机构的建议和裁决不可行，则相关缔约国应被给予一段合理的期限，合理期限应为：

（a）相关缔约国提议的期限，只要该期限获得争端解决机构的批准；或

（b）在没有批准的情况下，争议双方在专家组和上诉机构的报告以及争端解决机构的建议和裁决通过之日后的四十五（45）天内同意的期限；或

（c）在没有此种同意的情况下，在建议和裁决通过之日后的九十（90）天内，通过具有约束力的仲裁确定一段时间。在此类仲裁中，仲裁员的指导原则应是，执行专家组或上诉机构的建议的合理期限不应超过自专家组或上诉机构报告通过之日起十五（15）个月。但是此期限可视具体情况缩短或延长。

4. 如果争端当事方在将该事项提交仲裁后十（10）天内未能就仲裁员达成一致意见，则秘书处应在与双方协商后十（10）天内与争端解决机构协商指定仲裁员。

5. 秘书处应随时向争端解决机构通报根据本议定书作出的决定的执行情况。

6. 除非专家组或上诉机构根据本议定书第十五条第 7 款或第二十一条第 2 款延长了提交报告的时间，从争端解决机构成立专家组之日起至确定合理期限之日止的期限不得超过十五（15）个月，除非争议各方另有约定。如果专家组或上诉机构延长了提交报告的时间，所需的额外时间应加上十五（15）个月的期限；但除非争端各方同意存在特殊情况，否则总时间不得超过十八（18）个月。

7. 如果就遵守建议和裁决采取的措施的协议是否存在或是否与适用的协定相一致存在分歧，则此类分歧应通过诉诸这些争端解决程序来决

定，包括在可能的情况下诉诸原专家组。专家组应在其成立之日后九十（90）天内分发其报告。如果专家组认为不能在这一期限内分发其报告，则应书面通知争端解决机构延迟的原因以及提交报告的估计期限。

8. 争端解决机构应监督所通过的建议或裁决的执行情况。建议或裁决通过后，任何缔约国均可随时向争端解决机构提出建议或裁决的执行问题。除非争端解决机构另有决定，建议或裁决的执行问题应在根据本条第3款确定合理期限之日起六（6）个月后列入争端解决机构会议议程，并应保留在争端解决机构议程，直至问题得到解决。

9. 有关缔约国应在争端解决机构每次会议召开之前至少十（10）天向争端解决机构提交一份详细的情况报告，其中应包括：

（a）裁决和建议的执行程度；

（b）影响裁决和建议执行的任何问题；

（c）有关缔约国所请求的充分遵守裁决和建议执行的期限。

第二十五条 补偿和中止减让或任何其他义务

1. 缔约国有义务完全执行争端解决机构的建议和裁决。补偿和中止减让或其他义务是受损害争端当事方在争端解决机构通过的建议和裁决没有在合理期限内得到执行的情况下可采取的临时措施。但补偿、中止减让或其他义务均不如完全执行所通过的建议。补偿是自愿的，如果给予，则应符合《非洲大陆自由贸易区协定》。

2. 中止减让或其他义务是暂时的，只在与《非洲大陆自由贸易区协定》相一致的范围内适用，并应持续到下列时间：与该协定不一致的措施或任何其他确定的违约行为被消除；或缔约国执行了建议，或为造成的损害或因不符措施带来的损害提供了解决办法；或达成了双方满意的解决方案。

3. 如果争端解决机构的裁决和建议未能在合理期限内得到执行，受损害当事方可要求争端解决机构采取包括补偿和中止减让在内的临时措施。

4. 如果有关缔约国未能在根据本议定书第二十四条第 3 款确定的合理期限内，使被发现与《非洲大陆自由贸易区协定》不符的措施得到纠正，或以其他方式遵守决定和裁决，则该缔约国如被请求时，应与申诉方进行谈判，以达成双方都能接受的补偿。如果在二十（20）天内未能达成令人满意的补偿，则申诉方可请求争端解决机构授权中止对有关缔约国适用《非洲大陆自由贸易区协定》项下的减让或其他义务。

5. 在考虑中止哪些减让或其他义务时，申诉方应适用下列原则和程序：

（a）总的原则是，申诉方应首先寻求对与专家组或上诉机构认定有违反义务或其他造成无效或损害的部门相同的部门中止减让或其他义务；

（b）如果该缔约方认为中止对相同部门的减让或其他义务不可行或无效，则可寻求中止《非洲大陆自由贸易区协定》项下的其他部门的减让或其他义务；

（c）如果该缔约方认为中止对本协定其他部门的减让或其他义务并不可行或无效，而且情况足够严重，则该缔约方可寻求中止《非洲大陆自由贸易区协定》项下的减让或其他义务；而且

（d）如果争端一方决定根据（b）或（c）项请求授权中止减让或其他义务，则它应在其向争端解决机构提交的请求中说明理由。

6. 在适用上述原则时，该缔约方应考虑到：

（a）专家组或上诉机构认定有违反义务或其他造成无效或损害的部门的贸易，以及该部门的贸易对该方的重要性；和

（b）与无效或损害有关的更广泛的经济因素以及中止减让或其他义务所带来的更广泛的经济后果。

7. 争端解决机构授权的减让或其他义务的中止水平应等同于无效或损害的程度。

8. 当出现本条第 4 款所述情况时，争端解决机构应在请求之日起三十（30）天内授权中止减让或其他义务，除非争端解决机构以协商一致方式决定拒绝请求。但是，如果有关缔约国对所提议的中止程度提出异议，或声称在申诉方根据本条第 5 款（b）项或（c）项请求授权中止减让或其他义务的情况下，没有遵守第 5 款规定的原则和程序，则此事项应提交仲裁。如果原专家组成员还有的话，则此类仲裁应由原专家组进行，或由争端解决机构主席指定的仲裁员进行，并应在指定仲裁员之日起六十（60）天内完成。在仲裁过程中，不得中止减让或其他义务。

9. 依照本条第 7 款行事的仲裁员不应审查拟中止的减让或其他义务的性质，而应确定中止的程度是否等同于无效或损害的程度。仲裁员还可决定是否允许根据本协定暂停减让或其他义务。但是，如果提交仲裁的事项包括一项声称没有遵守本条第 3 款规定的原则和程序，仲裁员应审查该项主张。如果仲裁员认定这些原则和程序没有得到遵守，申诉方应按照本条第 5 款适用这些原则和程序。争议当事方应当接受仲裁员的终局裁决，不得请求第二次仲裁。仲裁员的裁决应立即通知给争端解决机构，争端解决机构在收到请求后应授权中止减让或其他义务，只要该请求与仲裁员的裁决一致，除非争端解决机构以协商一致方式决定拒绝该请求。

第二十六条 费用

1. 争端解决机构应根据非盟的财务规则和条例，确定专家组成员、仲裁员和专家的报酬和费用。

2. 专家组成员、仲裁员和专家的报酬、旅费和住宿费应由争端各方按同等比例或争端解决机构确定的比例承担。

3. 争议的一方应承担争端解决机构所确定的程序的所有其他费用。

4. 争端各方应在专家组设立或组成时，根据要求将其分摊的专家组成员费用中的份额交存秘书处。

第二十七条 仲裁

1. 当事方经协商一致，可以申请仲裁，并就仲裁程序达成协议。

2. 根据本条可能已将争议提交仲裁的争议各方不得同时将同一事项提交争端解决机构。

3. 当事方诉诸仲裁的同意应通知争端解决机构。

4. 只有经仲裁程序各方同意，第三方才能加入仲裁程序。

5. 仲裁程序各方应遵守仲裁裁决，仲裁裁决应通知争端解决机构以便执行。

6. 如果争端一方拒绝合作，申诉方应将此事项提交争端解决机构决定。

7. 仲裁裁决应比照本议定书第二十四条、第二十五条的规定执行。

第二十八条 技术合作

1. 根据缔约国的请求，秘书处可以就解决争端提供额外的法律咨询和协助，但这种咨询和协助应当以确保秘书处继续保持公正的方式进行。

2. 秘书处可以为有关缔约国举办有关争端解决程序和实践的特别培训班，使缔约国能够发展争端解决机制方面的专家能力。

第二十九条 秘书处的职责

1. 秘书处应负责协助专家组，特别是就所处理事项的法律、历史和程序方面提供协助，并提供秘书支持。

2. 秘书处应根据本议定书为专家组的组成提供便利。

3. 为了履行本议定书第二十八条规定的职能，秘书处应利用具有丰富国际贸易法经验的专家协助专家组成员。

4. 秘书处应承担《非洲大陆自由贸易区协定》所要求并且支持本议定书的其他职能和职责。

5. 秘书处应负责来自或发往争端解决机构和缔约国的所有有关通知。

第三十条　解释规则

专家组和上诉机构应根据国际公法的习惯解释规则，包括1969年《维也纳条约法公约》，来解释《非洲大陆自由贸易区协定》的规定。

第三十一条　修正

本议定书应根据协定第二十九条加以修正。

兹证明，我们非洲联盟成员国的国家元首和政府首脑或正式授权的代表签署了以阿拉伯文、英文、法文和葡萄牙文作成的本协定正本四（4）份并加盖了印鉴，所有文本具有同等效力。

2018年3月21日于基加利签署。

|第二编|

《非洲大陆自由贸易区协定》附件草案汇编

附件一　关税减让表

1. 缔约国应根据已批准的关税自由化方式制定关税减让表。

2. 关税减让表一经大会通过，应附于本附件之后，并在《非洲大陆自由贸易区协定》根据该协定第二十三条生效时适用于缔约国之间的贸易。

附件二 原产地规则

第一部分 定义

第一条 定义

为实现本附件的目的，应适用下列定义：

(a) "原产地证书"是指由指定的主管机关签发的原产地证明文件。确认某一特定产品符合根据《货物贸易附件议定书》附件和本附件第十七条第1款（a）项适用于优惠性贸易的原产地标准；

(b) "章"是指构成《商品名称及编码协调制度》的术语中使用的两位代码；

(c) "到岸价格"是指进口商支付的价格，包括将货物运至目的港所需的费用、保险费和运费；

(d) "分类"是指产品或材料在《商品名称及编码协调制度》的特定目或子目下的分类；

(e) "托运物"是指由一个出口商同时寄送给一个收货人的货物，或由一份涵盖其从出口商寄送给收货人发送的运输单据所涵盖的货物，或在没有此种单据的情况下，由一张发票所涵盖的货物；

(f) "原产国"是指按照本附件规定的标准生产或制造货物的缔约国；

(g) "海关机关"是指负责管理缔约国海关法律的行政机关；

（h）"完税价格"是指根据世界贸易组织《关于实施〈1994年关税和贸易总协定〉第七条的协定》（世界贸易组织《关于海关估价的协定》）确定的价值；

（i）"指定主管机关"是指缔约国指定签发原产地证书的机构或组织；

（j）"出口商"是指向另一缔约国领土出口货物、能够证明货物原产地的任何自然人或法人，不论此人是否为制造商，也不论此人是否办理出口手续；

（k）"出厂价"是指在进行最后一次加工或处理的缔约国境内向制造商支付的产品工厂交货价格，前提是该价格包括所使用的所有材料的价值减去在所获得的产品出口时已支付或可能支付的任何国内税；

（l）"自由贸易区"是指非洲大陆自由贸易区缔约国的领土；

（m）"公认会计原则"是指由会计专业机构界定并经缔约国确认的有关收入、费用、成本、资产和负债的会计准则、规则和程序框架，信息披露以及财务报表的编制。一般公认会计原则可以包含一般应用准则，以及详细的标准、惯例和程序[①]；

（n）"货物"是指材料和产品；

（o）"目"是指构成《商品名称及编码协调制度》的术语中使用的四位代码；

（p）"制造"是指任何类型的制作或加工，包括装配或特定作业；

（q）"材料"是指用于制造产品的任何配料、原材料、部件或零件；

（r）"原产地声明"是指制造商、生产商、供应商、出口商或任何其他有资格的人在商业发票或与货物有关的任何其他文件上就货物出口所作的关于货物原产地的适当声明；

（s）"生产者"包括采矿、产品制造、农业企业或其他任何可以提

---

① 这是一项未决条款。

供出口货物的个体种植者或手工艺制作者；

（t）"产品"是指某一个制造过程的产出，即使它是为了以后在另一制造过程中使用；

（u）"经济特区"是指在缔约国领土范围内适用于地理划界的特别管理规定，其中适用于商业的法律、管理、财政和海关体制通常以更宽松的方式，与在该缔约国领土范围内其他地方有所不同；

（v）"子目"是指构成《商品名称及编码协调制度》的术语中使用的六位代码；

（w）"领土"是指缔约国的领土，包括1982年《联合国海洋法公约》（《海洋法公约》）所界定的领海；

（x）"增值"是指成品的出厂价格与从缔约国以外进口并用于生产的材料的完税价格之间的差额[①]；

（y）"材料价值"是指所使用的非原产材料进口时的完税价格，如果不知道且无法确定的情况下，则是任何缔约国为材料支付的第一个可确定价格。

第二部分　目的、目标和原产地授予标准

第二条　目的

本附件的目的是执行《货物贸易议定书》关于原产地规则的规定，并确保有透明、明确和可预测的标准来确定在非洲大陆自由贸易区享受优惠待遇的资格。

第三条　目标

本附件的目标是：

---

① 这是一项未决条款。

（a）在区域和大陆整体层面深化市场一体化；

（b）促进非洲内部贸易；

（c）促进区域和大陆价值链的形成；

（d）通过工业化促进非洲大陆的经济转型。

第四条　原产地授予标准

如果某一产品具有以下条件，则该产品应被视为源自某一缔约国：

（a）完全按照本附件第五条的含义从该缔约国取得；

或

（b）在该缔约国发生了本附件第六条含义范围内的实质性转变。

第五条　完全获得产品

1. 下列产品在出口到另一缔约国时应被视为完全在一缔约国获得：

（a）根据《联合国海洋法公约》的规定，从缔约国的地下、海床、海底以下和领土内开采的矿产和其他非生物自然资源；

（b）在该处种植或收获的植物，包括水生植物及植物产品、蔬菜及水果；

（c）在该处出生和长大的动物；

（d）在该处饲养的动物身上取得的产品；

（e）在该处出生和饲养并被屠宰的动物制品；

（f）在该处打猎和捕鱼所获得的产品；

（g）水产养殖产品，包括海产养殖。其中，有鱼类、甲壳动物、软体动物和从卵、幼虫、鱼苗或幼鱼中培育出来的其他水生无脊椎动物；

（h）缔约国船只从缔约国领土以外海域捕捞的产品和其他产品；

（i）在其捕鱼加工船上完全用（h）项范围内的产品所制造的产品；

（j）只适用于做回收材料的二手物品，但这些物品必须是在该处被收集的；

（k）在该处进行制造作业所产生的废料及废物；

（l）从其领水以外的海洋土壤或底土中提取的产品，但其对该土壤或底土有独家使用权；

（m）其中所生产的货物仅限于由（a）至（l）项规定的产品；及

（n）在其中产生的电能。

新提案 1

2. [第 1 款（h）项和第 1 款（i）项中的"其船只"和"其加工船"应仅适用于根据缔约国国内法在缔约国注册并悬挂缔约国国旗的船只、租赁船只、光船和加工船，此外，还应符合下列条件之一：

（a）船只或加工船的高级船员中至少有 50% 是缔约国或缔约国的国民；或

（b）船只或加工船的船员中至少有 50% 是缔约国或缔约国的国民；或

（c）至少 50% 或 51% 的船只或捕鱼加工船的股权由缔约国国民、缔约国或缔约国政府的机构、代理机构、企业或公司持有。]

新提案 2

[第 1 款（h）和（i）项中的术语"其船只"和"其加工船"仅适用于根据缔约国的国内法律在缔约国登记并符合下列条件之一的船只、租赁船只、光船和加工船：

（a）悬挂缔约国国旗航行的船只；

或

（b）50% 船只或加工船中至少有 50% 高级船员是缔约国或缔约国的国民；

或

（c）50% 船只或加工船中至少有 50% 的船员是缔约国国民；

或

（d）至少50%或51%的船只或加工船的股权由缔约国国民或缔约国政府的机构、代理机构、企业或公司持有。]①

第六条　经充分加工或制造的产品

1. 就本附件第四条（b）项而言，未完全获得的产品在满足下列标准之一时被视为已充分加工或制造：

（a）增值；

（b）非原材料含量；

（c）税目变化；或

（d）特定工艺。

2. 尽管有本条第1款的规定，附录4所列货物如果符合其中规定的具体规则，则应视为原产货物。

第七条　不得授予原产地资格的制作或加工

1. 无论是否符合本附件第四条的要求，下列操作不足以授予产品原产地资格：

（a）使产品在储存和运输期间保持良好状况的操作；

（b）包装的拆分或组装；

（c）清洗、清洁或除去产品上的灰尘、氧化物、油、油漆或其他覆盖物的操作；

（d）简单的熨烫操作；

（e）简单的喷漆或抛光操作；

（f）谷类和大米的脱皮、部分或全部漂白、抛光或上光；

（g）将糖着色或形成糖块的操作，部分或全部磨碎结晶糖的操作；

（h）第7章蔬菜、第8章水果、第08.01目或第08.02目的坚果、第12.02目的花生、水果、坚果或蔬菜的去皮、去石或去壳；

---

① 本子条款是一项未决条款。

（i）磨削、简单研磨或简单切割；

（j）简单筛选、检查、整理、分类、分级或配对；

（k）简单的包装操作，例如放入瓶、罐、烧瓶、袋、箱、盒或固定在卡片或木板上；

（l）在产品或其包装上粘贴或印刷符号标记、标签、标志及其他类似识别标志；

（m）材料的简单混合，不论是否属于不同种类，但其中不包括导致化学反应的操作；

（n）将物品的各部分简单地组装成一个完整的物品；

（o）（a）至（n）项所指明的两项或两项以上操作的组合；

（p）屠宰动物。

2. 尽管符合本附件的某项规定，但是从粮食援助、货币化或类似援助措施中，包括根据非商业条件作出的安排中获得或部分获得的农产品，不论是否加工，以何种方式加工，均不应被视为源自缔约国。

3. 就本条第1款而言，当不需要特殊技能，也不需要专门为这些操作生产或安装相应的机器、仪器或工具，或者当这些技能、机器、仪器或工具对产品的基本特征或性能没有贡献时，操作应被视为简单。

第八条 非洲大陆自贸区内的原产地累积规则

1. 为了实施本条，所有缔约国应被视为单一领土。

2. 原产于任何缔约国并在另一缔约国进行加工或制造的原材料或半成品，应视为原产于最后加工或制造地所在的缔约国。

3. 在任何缔约国进行的加工或制造，当材料在缔约国进行进一步加工或制造时，应被视为是在缔约国进行的。

4. 符合本条第1款和第2款的规定，在某缔约国进一步制造的产品应被视为原产于最后一个制造过程发生地所在的缔约国，但最后一次加工或制造操作应超过本附件第七条规定的操作。

第九条 经济特区生产的货物

1. 在经济特区生产的货物，只要符合本附件的规则和《货物贸易议定书》第二十三条第 2 款的规定，应被视为原产货物。

2. 缔约国应采取一切必要措施，确保以原产地证明为基础进行贸易的产品，以及在运输过程中使用位于其领土内的经济特区的产品，仍受海关部门的管制，不被其他货物替代。

3. 符合本条第 1 款的规定，原产于缔约国的产品，如果根据原产地证明进口到经济特区，则在进行符合本附件四要求的加工或改造时，海关主管部门应接受出口商的请求，签发新的转移证明。①

第十条 资格单位

1. 适用本附件规定的资格单位应为特定产品，该产品在确定分类时被视为基本单位。

2. 就本附件而言：

（a）特定产品或材料的关税分类应根据《商品名称及编码协调制度》确定；

（b）由一组物品或组件组成的产品，按照《商品名称及编码协调制度》的条款，归入一个单一项目或子项目，则整个产品应构成一个资格单位；及

（c）若付运的货物包括若干属于《商品名称及编码协调制度》同一项目或子项目下的相同产品，则须分别考虑每一产品。

第十一条 包装的处理

1. 缔约国为评定关税，将货物与其包装分开处理的，还可以就其从另一缔约国托运的进口货物，分别确定这种包装的原产地。

2. 在本条第 1 款不适用的情况下，包装应被视为与货物构成一个整

---

① 本条款是一项未决条款。

体，在确定货物的整体原产地时，运输或储存货物所需的任何包装的任何部分都不应被视为是从缔约国以外进口的。

3. 就本条第 2 款而言，通常以零售方式出售货物的包装不应视为运输或储存货物所需的包装。

4. 仅用于运输和临时储存货物并将予以退回的集装箱，不应缴纳关税和其他同等效果的费用。不退还集装箱的，应当与集装箱内的货物分开处理，并征收进口关税和其他同等效果的费用。

第十二条　材料的分离。

1. 对于生产者无法实际分离货物生产中使用的性质相似但来源不同的材料的产品或工业，这种分离可以由适当的会计制度取代，该制度确保不会有更多的货物被视为产自缔约国。而如果生产者能够实际分离这些材料，则不会存在这种情况。

2. 这种会计制度应符合本附件第三十八条规定的原产地规则小组委员会可能商定的条件，以确保采取适当的控制措施。

第十三条　配件、备件和工具

与设备、机器、仪器或车辆一起发运的附件、备件和工具，如果是正常设备的一部分，并包含在其价格中，或未单独开具发票，则应视为与该设备、机器、仪器或车辆一体发运。

第十四条　成套设备

1. 对于《商品名称及编码协调制度》总规则第三条中定义的成套产品，如果各组件均原产于一缔约国，则该成套产品应当视为原产于该缔约国。

2. 当一套产品由原产组件和非原产组件组成时，只要非原产组件的价值不超过该套产品出厂价格的 15%，则该套产品作为一个整体应视为原产品。

3. 非原产组件的价值的计算方法应与非原产材料的价值的计算方法相同。

第十五条　中性成分

为确定产品是否原产时，不需要确定下列可能用于其生产的产品的原产地：

（a）能源和燃料；

（b）厂房和设备；

（c）机器和工具；

（d）不进入也不打算进入产品的最终成分的材料。

第十六条　属地原则

1. 符合本附件第六条要求生产的产品，只有在生产之后，该产品符合以下条件时，才应被视为原产：

（a）不在缔约国领土以外进行进一步的生产或任何其他作业，但卸载、重新装载、为使其保持良好状态或将产品运输到缔约国领土所需的任何其他作业除外；

（b）在缔约国领土以外仍受海关管制。

2. 在产品仍处于一个或多个过境国的海关管制下，由出口商或产品的后续持有人负责的产品储存、装运或分批装运，不得影响产品的原产地地位。

3. 从缔约国出口给第三方的原产产品如退回，应被视为非原产产品，除非能证明退回的产品符合以下规定：

（a）与已出口的相同；

（b）除维持其良好状况所必需外，并无进行任何操作。

第三部分　原产地证明

第十七条　一般要求

1. 原产于某缔约国的产品在进口到另一缔约国时，在提交下列文件时，应享受《货物贸易议定书》的优惠规定：

（a）原产地证书，无论是纸质的还是电子的，均应采用本附件附录1的形式。签发和接受电子原产地证书应符合每个缔约国的国家立法；或

（b）在本附件第十九条规定的情况下，由出口商在发票、交货单或任何其他商业单据上提供的声明（后来称为"原产地声明"），对有关产品进行足够详细的描述，使其能够被识别。

2. 原产地声明全文载于本附件附录2。

3. 虽然存在本条第1款的规定，但是在本附件第二十八条规定免除原产地证明的情况下，本附件所指的原产产品应享受《货物贸易议定书》优惠规定，而无须提交任何原产地证明。

4. 原产地证明应在出口缔约国签发之日起十二（12）个月内有效，并在上述期限内向进口缔约国海关部门提交。

5. 在本条第4款规定的最后提交日期之后提交给进口缔约国海关部门的原产地证明，如果存在正当理由等特殊情况而未能在规定日期之前提交这些文件，则可以接受。

第十八条　原产地证明之提交

原产地证明应以任何一种非盟官方语言编写并按照该缔约国适用的程序向进口缔约国的海关部门提交。上述部门可要求翻译此类原产地证明。

第十九条　原产地申报

1. 本附件第十七条第1款（b）项所指的原产地声明可以通过以下方式填写：

（a）本附件第二十条所指的核准出口商；或

（b）任何由一个或多个包装内装有总价值不超过5000美元的原产产品的托运货物的出口商。

2. 如果相关产品可被视为原产于缔约国并符合本附件规定的其他要求，则可作出原产地声明。

3. 应出口缔约国指定主管机关的请求，作出原产地声明的出口商应随时提交证明有关产品原产地状况和满足本附件规定的其他要求的所有适当文件。

4. 出口商应按照出口缔约国国内立法的规定，用任何非盟官方语言在发票、交货单或其他商业单据上签字、盖章或打印，以作出原产地声明。如果原产地声明是手写的，则应用墨水以印刷体书写。原产地声明应附有出口商的原始签字。

5. 原产地声明可以由出口商在其所涉产品出口时作出，也可以在出口后作出，但条件是该声明必须在其所涉产品进口后不超过国家立法规定的十二（12）个月内向进口缔约国提交。

第二十条　经核准出口商

1. 出口缔约国的指定主管机关可授权经常出口本附件所涉及产品的任何出口商（以下简称"经核准出口商"），并提供使海关部门批准的所有保证，以核实产品的原产地状况以及遵守本附件中规定的所有其他要求，不论有关产品的价值如何，均须作出原产地申报。

2. 指定主管机关得依其认为适当之条件，给予经核准出口商之地位。

3. 指定主管机关应向经核准出口商签发一个授权编号，该编号必须出现在原产地声明上。

4. 指定主管机关应监督经核准出口商对授权书的使用。

5. 指定主管机关可以随时撤回授权。经核准出口商有下列情形之一的，其指定主管机关可以随时撤回授权：

（a）不再提供本条第1款所述的保证；

（b）不再符合本条第2款所述条件；或

（c）以其他方式不当使用授权。

第二十一条　原产地证书的签发

1. 出口缔约国指定主管机关应出口商或在出口商的负责下由授权代表提出的书面申请，签发原产地证书。

2. 为了成功申请，出口商或授权代表应按照本附件附录1的规定，填写原产地证书申请表。申请表格应按照本附件的规定填写。手写的，应当用墨水以印刷体填写。产品说明必须在为成功申请而保留的方框中给出，不得留有空行。如果方框未完全填完，则必须在说明的最后一条线下方画一条水平线，要横穿空白处。

3. 申请签发原产地证书的出口商应该遵从颁发原产地证书的出口缔约国的指定主管机关的要求，提交所有适当的文件，证明有关产品的原产地地位以及满足本附件规定的其他要求。

4. 指定主管机关应采取任何必要步骤，核实产品的原产地状态，满足本附件规定的其他要求。

5. 海关部门或指定主管机关有权要求提供任何证据，并对出口商的账户进行任何检查或进行任何其他被认为适当的核查。海关部门或指定主管机关还应确保本条第1款所述申请表已妥为填写。特别是，海关部门或指定主管机关应检查为产品说明预留的空间是否已填写完毕，以排除所有欺诈性增加的可能性。

6. 原产地证书的签发日期应在证书的相关位置上注明。

7. 原产地证书应由指定主管机关签发，并在实际出口完成之前尽最大可能提供给出口商。

第二十二条　证明文件

本附件第二十一条第3款所述提交出口缔约国指定主管机关的文件可以包括下列文件：

（a）对原产产品或生产该产品所用材料进行的生产过程；

（b）产品的采购、成本、价值和支付；

（c）用于生产产品的所有材料（包括中性元素）的原产地、采购、成本、价值和支付；

（d）产品的装运；

（e）指定主管机关认为必要的任何其他文件。

第二十三条 追溯签发的原产地证书

1. 尽管存在本附件第二十一条第 7 款的规定，但在特殊情况下，原产地证书可在其所涉及的产品出口后签发，条件是：

（a）因错误、非自愿遗漏或者特殊情况，在出口时未签发的；

（b）向指定的主管机关证明，已签发原产地证书，但因技术原因在进口时未被接受的；

2. 为了执行本条第 1 款，出口商必须在申请书中说明与原产地证书有关的产品的出口地点和日期，并说明要求出口的理由。

3. 指定主管机关只有在核实出口商申请书中提供的信息与相应文件中提供的信息一致后，才能追溯性地发放原产地证书。

4. 追溯性签发的原产地证书必须用以下文字背书："追溯性签发"。

5. 本条第 4 款所指的背书，应当在原产地证书第三栏中填写。

第二十四条 过境或储存货物的过渡性规定

符合本附件规定的货物，如果在本协定生效之日起，在一个缔约国的海关仓库或自由区内过境或临时储存，可有资格享受本附件的规定。但须在上述日期后 6 个月内，向进口缔约国的海关部门提交出口缔约国指定主管机关追溯签发的原产地证书，并提交证明货物已按照本附件第三十条的规定直接运输的文件。

第二十五条 原产地证书副本的签发

1. 如果原产地证书被盗、丢失或毁坏，出口商可向签发原产地证书的指定主管机关申请一份根据其所持有的出口文件制作的副本。

2. 以这种方式签发的副本必须注明以下字样："副本"。

3. 本条第 2 款所指的背书应写在原产地证书副本第三栏。

4. 副本必须注明原产地证书正本的签发日期,并自该日期起生效。

第二十六条　补发原产地证书

当原产地货物在其中一个缔约国海关部门控制下时,可以用一张或几张货物运行证取代原产地证书,以便将全部货物或部分货物运往其他缔约国。因此,应将补发的原产地证书交付给货物所在的缔约国海关部门。

第二十七条　分期进口

如果应进口商的请求并根据进口缔约国海关部门或指定主管机关规定的条件,分期进口《商品名称及编码协调制度》一般解释性规则所指的已拆卸或未组装产品,则应在第一批货物进口时,向海关或者指定主管机关提供此类产品的单一原产地证明。

第二十八条　原产地证明的豁免

1. 下列货物应视为原产产品,无须提交原产地证明:

(a) 由任意缔约国的个人以小包裹形式发送给另一缔约国的个人的原产地产品,或构成旅客个人行李一部分的原产产品;

(b) 偶尔进口,包括供收货人、旅客或其家人个人使用的原产地产品的进口,不应被视为贸易方式的商业进口。

2. 本条第 1 款所指产品的总价值,小包装不超过 500 美元,构成旅客个人行李一部分的不超过 1200 美元。

第二十九条　交易会或展览会

1. 在缔约国境内,为交易会或展览会运送并在交易会或展览会结束时出售的原产产品,在进口时应受益于本附件的规定,但须向海关部门提供令人满意的证据、证明:

(a) 出口商已将产品从缔约国运至另一缔约国参加展览会或展览,并在其中展出;

（b）该产品已由该出口商出售或以其他方式处置给该缔约国的人；

（c）这些产品是在交易会或展览会期间托运的，或是这些产品为了举办交易会和展览会而在随后的一段时间内被托运到该缔约国的；

（d）自该产品运往交易会或展览会时起，该产品不作在交易会或展览会上展示以外的用途。

2. 原产地证明必须按照本附件第三部分的规定签发或出具，并在正常情况下向进口缔约国海关部门提交。在提交的文件中必须注明交易会或展览会的名称和地址。如有必要，可要求提供额外的文件证据，证明其展出的条件。

3. 本条第 1 款适用于所有商业、工业、农业或手工业性质的展览会、集市或类似的公共活动，但为私人目的在商业场所或商店举办的以及为销售外国产品而举办的展览会、集市或类似的公共活动除外，在这些展览会、集市或活动期间，产品仍受海关管制。

第三十条 直接运输

1. 本附件规定的优惠待遇仅适用于在缔约国领土之间或通过这些领土直接运输的符合本附件规定的要求的产品。

2. 尽管有本条第 1 款的规定，构成单一托运的产品可经其他缔约国领土运输，酌情在这些领土转运或临时储存，但产品在缔约国过境或储存时，须在海关部门的监督下进行，且除卸货或再装货外，不得进行其他操作或旨在维护其储存的任何其他操作。

3. 原产产品可通过管道跨越出口和进口缔约国以外的缔约国领土运输。

4. 证明本条第 1 款所述条件已经满足的办法是向进口缔约国的海关部门提供：

（a）关于通过过境缔约国的单一运输单证；

（b）过境缔约国海关部门签发的证明，其中载有：

（i）有关产品的准确描述；

（ii）产品的卸货和再装货日期，并在适用情况下列明所用船舶或其他运输工具的名称；

（iii）证明产品留在过境缔约国的条件；

（c）在没有该项规定的情况下，任何其他有关文件。

第三十一条　为累积目的的信息和程序

1. 为了本附件第八条第 2 款的实现，来自任意缔约国产品的原产地证明应以本附件附录 1 或附录 2 的形式由原产地证书或原产地声明书提供。

2. 为了本附件第八条第 3 款的实现，产品出口缔约国的供应商或生产商应以本附件附录 3 所列格式进行声明，提供制造或加工的证据。

3. 依据本附件第八条签发的原产地证书应背书"累积"字样。

4. 本条第 3 款所指的背书应写在原产地证书第三栏。

5. 除本条第 2 款所述的证明文件外，提单和合法捕捞证明应随附原产地证书一起提交。

第三十二条　档案的保存

1. 申请签发原产地证书的出口商，应在申请完成后至少 5 年内保留申请书的副本以及本附件第二十二条所指的证明文件。

2. 获得优惠关税待遇的进口商应在获得优惠待遇之日起至少 5 年内保留与产品进口有关的文件，包括一份原产地证书。

3. 如果根据本条规定需要保留档案或文件的产品进口商、出口商或生产者符合以下条件，则缔约国可拒绝给予作为原产地核查对象的产品以优惠关税待遇：

（a）没有按照本附件的要求保存与确认产品原产地相关的档案或文件；

（b）拒绝查阅这些档案或文件。

4. 签发原产地证书的出口缔约国指定主管机关应将签发的证书副本保存至少五（5）年。

5. 进口缔约国的指定主管机关应保存向其提交的原产地证书至少五（5）年。

第三十三条 差异和形式错误

1. 如果存在原产地证书中的陈述与提交给海关部门或指定主管机关用于办理进口产品手续的文件中的陈述有轻微差异，但确定原产地证书与提交的产品相符的，不应因此而使原产地证书无效。

2. 如果存在明显的形式错误，例如原产地证书上存在错别字，但这些错误没有造成对文件中陈述的正确性的怀疑，就不会导致原产地证书被拒绝。

第四部分　行政合作

第三十四条 通知

1. 各缔约国应进行合作，统一适用和解释本附件，并通过其指定主管机关相互协助，核查作为原产地证书基础的产品原产地。

2. 为便利本条第1款所指的核查或协助，缔约国指定的主管机关应通过秘书处交换各自的地址，以及在其办事处用于签发原产地证书的印章和签名的样本。

3. 为执行本条第1款的规定，出口缔约国的指定主管机关应承担履行其规定义务的一切费用。

4. 缔约国指定的主管机关应不时考虑核查进程的全面运行和管理，包括预测工作量和确定优先事项。如果请求数量异常增加，缔约国指定的主管机关应确定优先事项，并在考虑到操作要求的情况下采取必要步骤控制工作量。

5. 各缔约国应及时将本条第 2 款所述要求的任何变化通过各自秘书处相互通知。

6. 各缔约国应按照本附件第二十条的规定，通过秘书处及时通知经批准的出口商。

第三十五条　互助

1. 为了确保本附件的正确适用，缔约国应通过海关部门或指定的主管机关相互协助，对原产地证书、原产地申报单或供应商申报单的真实性以及这些文件中提供的信息的正确性进行检查。

2. 各缔约国应该应要求提供有关产品制造条件的相关资料，尤其是应该指出被请求缔约国遵守原产地规则的条件。

第三十六条　原产地证明的核实

1. 原产地证明的后续核查应随机进行，或根据风险分析进行，或在进口缔约国海关部门对此类文件的真实性、有关产品的原产地状况以及对本附件其他要求的履行情况有合理怀疑时进行。

2. 为执行本条第 1 款的规定，进口缔约国海关部门应将已提交的原产地证书和发票或这些文件的副本交还出口缔约国海关部门，并酌情提供请求核实的原因。所获得的任何文件和资料，如表明原产地证明上所提供的资料不正确，均应转发以支持核实请求。

3. 核查应由出口缔约国海关部门进行，核查结果应尽快通知请求机关或缔约国，无论如何不得迟于六（6）个月。这些结果必须清楚表明文件是否真实，有关产品是否可以被视为原产于缔约国的产品。为取得正确结论，出口缔约国海关部门有权要求提供任何证据，并对出口商的账户进行任何检查或机关认为适当的任何其他检查。

4. 如果进口缔约国海关部门决定在等待核查结果的同时暂停对有关产品给予优惠待遇，则应为进口商提供产品放行，但必须采取任意必要的预防措施。

5. 如果有任何合理怀疑，或者在核查请求之日起六（6）个月内没有答复，或者答复中没有足够的信息确定所涉文件的真实性或产品的真实原产地，除特殊情况外，请求机关或缔约国可以拒绝给予优惠。

6. 如果核查程序或任何其他现有资料似乎表明违反了本附件的规定，出口缔约国应主动或应进口缔约国的请求，进行适当的查询或安排适当的紧急查询，以查明和防止这种违反规定的行为，为此，有关出口缔约国可邀请进口缔约国参加此类查询。

第三十七条　罚则

缔约国应通过国家立法处罚那些为获得产品优惠待遇而起草、促使起草或使用包含明知是虚假的信息的文件的人员。

第三十八条　原产地规则小组委员会

1. 货物贸易委员会应根据《货物贸易议定书》第三十一条设立原产地规则小组委员会。

2. 小组委员会应由缔约国正式指定的代表组成，并应履行本附件或货物贸易委员会赋予的职责。

第五部分　最后条款

第三十九条　附录

本附件所附的附录应构成本附件不可分割的一部分。

第四十条　争端解决

缔约国之间因解释或适用本附件及其准则的任何规定而产生的或与此有关的任何争端，应按照《关于争端解决的规则和程序议定书》加以解决。

第四十一条　审查和修正

本附件应按照《非洲大陆自由贸易区协定》第二十八条和第二十九

条的规定进行审查和修正。

第四十二条　过渡性安排

1. 缔约国一致认为，下列问题尚未解决：

（a）在执行过程中确定第一条（x）项中"增值"的含义和第五条第 2 款中"其船只"和"其加工船只"的要求；附件二原产地规则的第九条中与经济特区有关的标准和问题；

（b）起草附件二原产地规则的中的补充定义；

（c）起草附件二原产地规则的附录 4 中的混合规则；

（d）起草关于在经济特区生产货物的条例；

（e）起草附件二原产地规则中的价值公差、吸收原则和会计隔离/公认会计原则的补充规定；

（f）起草非洲大陆自贸区原产地规则手册/准则。

2. 本条第 1 款所指的未决条款一经大会通过，即构成本附件的组成部分。

3. 在规定通过之前，缔约国同意适用现行贸易制度中的原产地规则。

附录1　非洲大陆自贸区原产地证书

［第十九条第1款（A）项］

填写非洲大陆自由贸易区原产地证书的注意事项

原产地证书的编号框必须填写如下：

方框1. 出口商必须是通常居住在任意缔约国的自然人或法人，或营业地在任意缔约国的人。此外，应在合适的地方填写出口商登记号码。

方框2. 填写收货人在目的地缔约国的姓名和办公地址。

方框3. 由发证机构填写，必要时填写下列一个或多个事项：

a）"复本"（如申请非洲大陆自贸区原产地证书复本）；

b）"追溯性签发"（如货物在申请证书前已出口，并申请追溯性签发证书）；

c）"更换"（如申请更换非洲大陆自贸区原产地证书）；

d）"累积"。

方框4. 填写车辆运输详情，包括将货物从出口缔约国最后一个港口运出的火车、船舶、飞机或其他船只。

方框5.

a）输入包装上的识别标记和编号，与出口的每一件商品相对应；

b）如果包装没有标记，请注明"无标记和编号"或"按地址"；

c）对于未包装的散装货物，填写"散装"；

d）所述数量必须与发票上的数量一致；

e）如果原产地和非原产地货物同时包装在一起，则仅描述原产地货物，并在末尾添加"仅限部分内容"。

方框 6. 填写为货物开具的发票序列号、日期、价值和国际贸易术语解释通则。

方框 7. 说明包含货物的包装类型的数量。

方框 8. 必须通过给出合理完整的商业描述来识别货物，以便确定适当的协调制度代码。

方框 9. 填写货物的毛重，应与运输商的单据相符。

方框 10. 说明在所选协调制度代码下可能适用的额外统计措施。

方框 11. 输入框 8 中描述的每行货物的六位协调制度代码。

方框 12. 填写适用于出口货物的适当原产地标准代码。

原产地标准代码	原产地标准说明
WP	完全原产（第 5 条）
SV	实质性转型——增值内容［第 6.1（A）条］
SM	实质性转变——实质性内容［第 6.1（b）条］
SX	实质性转变——税目变更［第 6.1（c）条］
SP	实质性转变——程序规则［第 6.1（d）条］
SC	实质性转变——累积；并说明使用"累积"的缔约国（第 8 条）

方框 13.

a）出口商或授权代表必须详细填写所有必要的资料，以声明申请原产地证书的正当性；

b）签字不得以机械方式复制或用橡皮图章制作，但可根据每个缔约国的国家法律以电子方式填写或代之以电子识别码。

方框 14. 必须由出口缔约国指定的主管机关填写。主管机关官员必须在所提供的空白处打印所需的所有细节和日期，并在原产地证书上加盖为此目的而分发的特别印章。印章已分发给所有缔约国的海关部门，但原产地证书以电子方式验证的除外。

方框 15. 清关口岸或出境口岸的海关人员必须填写出口单号、日期和清关处。

一般规则

a）如果存在下列情形，非洲大陆自贸区原产地证书将被认定为无效：

（i）填写的资料不正确且不符合本附件的规定；

（ii）存在被涂改的文字；

（iii）存在修改的情况，除了非通过删除不正确的资料、添加任何必要的更正而作出的任何修改，并且这些修改由填写证书的人草签并由签署证书的人员签字确认；

b）如果可以适用，那么须在原产地证书顶部注明指定主管机关的文件登记/参考编号。

c）在方框 5—12 中的一项（如只有一项时）或最后一项下画一条水平线，用 z 形线划过或者以其他方式划过未使用的空间。

d）如果提供的空间不足，请附加一页以提供所需的详细信息。

非洲大陆自贸区原产地证书表格
[第十七条第 1 款（A）项]

非洲大陆自贸区原产地证书	主管机关	国家代码	序列号
1. 出口商 （姓名 & 地址）	2. 收货人 （姓名和地址）	3. 仅供官方使用	
4. 运输详情			
5. 标记和编号	6. 发票号和日期	7. 编号和包装类型	8. 货物说明	9. 毛重	10. 供应数量	11. HS 编码	12. 原产地标准
13. 出口商或授权代表声明 本人，即下述签字人，声明上述货物符合签发本原产地证书所需的条件，且原产于_____（国家） 地点和日期： （全名和标志） （签名）	14. 原产地证明 原产地印章 （指定机构） （全名） （签名）	15. 用于海关目的 出口单据号： （海关和日期） （全名） （签名）	

非洲大陆自贸区原产地证书（第 2 页 - 背面部分）

A. 进口缔约国的核查请求	B. 出口缔约国核查结果
出于以下原因，要求对本证书的真实性和准确性进行验证：	经核实，本证书由指定主管机关签发，证书所载信息：
	□是准确的
	□不符合方框——（填写适当的方框号）
	内真实性/准确性的要求
（地点和日期）	（地点和日期）
（签字和盖章）	（签字和盖章）

附录2 非洲大陆自贸区原产地声明

[第十九条第1款（b）项]

原产地声明的文本必须如下：

我/我们，＿＿＿＿＿＿＿＿＿＿＿＿＿＿＿＿（核准出口商名称和注册号），作为本文件所涵盖的货物的出口商，在此声明，货物的原产地是＿＿＿＿＿＿＿＿＿＿＿＿＿＿（注明货物的原产地是非洲大陆自贸区某一缔约国），并且适用于这些货物的原产地标准是＿＿＿＿＿＿＿＿＿＿＿＿（如适用，请填写是完全获得产品或实质上改变的产品）。

＿＿＿＿＿＿＿＿＿＿＿＿＿＿＿＿＿＿＿＿＿＿＿＿＿＿＿＿＿＿＿＿＿

（申报地点和日期）

＿＿＿＿＿＿＿＿＿＿＿＿＿＿＿＿＿＿＿＿＿＿＿＿＿＿＿＿＿＿＿＿＿

（授权出口商签名）

附录 3　非洲大陆自贸区供应商或生产商声明

（第三十一条第 2 款）

A. 具有优惠原产地地位的产品的供应商或生产商声明

本人，即以下签字人，声明发票上所列货物＿＿＿＿＿＿＿＿（1）
在＿＿＿＿＿＿＿＿＿＿＿＿＿＿＿＿＿＿＿＿＿＿＿＿＿＿（2）
生产的，并且符合非洲大陆自由贸易区缔约国之间有关优惠贸易的原产地规则。

如有需要，本人承诺向指定主管机关提供支持本声明的证据。
＿＿＿＿＿＿＿＿＿＿＿＿＿＿＿＿＿＿＿＿＿＿＿＿＿＿＿（3）
＿＿＿＿＿＿＿＿＿＿＿＿＿＿＿＿＿＿＿＿＿＿＿＿＿＿＿（4）
＿＿＿＿＿＿＿＿＿＿＿＿＿＿＿＿＿＿＿＿＿＿＿＿＿＿＿（5）

注意：

上述文本如按照以下注释适当填写，就构成供货商的声明。注释不必复制。

（1）如果只涉及发票上列出的一些货物，则应清楚地标明或标记这些货物，并在申报单上注明：

"本发票上所列并标记的货物＿＿＿＿＿＿是在＿＿＿＿＿＿生产的。"

如果使用发票或发票附件以外的文件，则应提及有关文件的名称，而不是使用"发票"一词。

（2）非洲大陆自贸区缔约国。

（3）地点和日期。

（4）公司名称和标志。

（5）签字。

B. 不具有非洲大陆自贸区原产地地位的优惠产品的供应商或生产商声明

本人，即以下签字人，声明本发票所列货物_____（1）
是在_____（2）
生产的，并且包含有下列不属于非洲大陆自贸区优惠贸易的原产地的组件或材料：

_____（3）
_____（4）
_____（5）
_____（6）

如需要，本人承诺向指定主管当局提供支持本声明的证据：

_____（7）
_____（8）
_____（9）

注意：

上述文本如按照以下注释适当填写，就构成供应商的声明。注释不必复制。

（1）如果发票上所列货物只有一部分需要清楚注明或标记，那么应按照以下格式在申报单上注明：

"本发票上所列和标记的货物是在生产的。"

如果使用发票或发票附件以外的单据，应提及有关单据的名称，而不是"发票"一词。

（2）非洲大陆自贸区缔约国。

（3）在任何情况下均须作出说明。说明必须足够详细，以便确定有关货物的税则分类。

（4）只有在需要时才提供完税价格。

（5）只在有需要时才提供原产地国。提供的原产地必须是优惠原产地，所有其他原产地必须是"第三国"。

（6）已在非洲大陆自由贸易区缔约国进行了下列加工程序，如需要加工信息，还应附上加工程序的说明。

（7）地点及日期。

（8）公司名称和标志。

（9）签字。

附录4　非洲大陆自贸区原产地规则

（有待插入）

附件三　海关合作与行政互助

第一条　定义

就本附件而言，下列定义应适用：

（a）"海关"指负责实施海关法和征收关税的政府部门，并负责实施与货物进出口、运输或储存有关的其他法律法规；

（b）"海关部门"指负责管理缔约国海关法律的行政机关；

（c）"海关合作"指海关部门之间旨在简化程序和改善贸易便利化的合作，目的是通过建立本附件所述的国际海关标准和统一的海关程序，加强对贸易流动的管制和缔约国适用法律的执行；

（d）"海关法"指与货物的进出口、运输或储存有关的法律和管理规定，其管理和执行由海关部门具体负责，其还包括海关部门根据其法定权力制定的任何规章条例；

（e）"海关违法行为"指缔约国违反或企图违反海关法的行为；

（f）"行政互助"指海关部门代表另一海关部门或与另一海关部门合作，为适当适用海关法和预防、调查和制止海关违法行为而采取的行动；

（g）"贸易便利化"指简化和统一国际贸易程序，包括收集、提交、交流和处理国际贸易货物流动所需数据所涉及的活动、惯例和手续。

第二条　目标和范围

1. 缔约国应根据本附件的规定，通过其海关部门相互提供：

（a）在海关管理的所有领域进行合作，以改进对贸易流动的管理和缔约国内对适用法律的执行，具体做法是：

（i）规定共同措施，鼓励缔约国在制定其海关法和程序时遵守这些措施；

（ii）在大陆、区域和国家各级建立适当的体制安排。

（b）本附件范围内的行政互助：

（i）确保其领土内的海关法得到遵守；

（ii）预防、调查及打击海关违法行为；

（iii）提供适用海关法所需的文件；

（iv）简化和协调海关程序；

（v）确保贸易畅通和国际供应链完整。

2. 缔约国应在其权限和海关部门的现有资源范围内，根据《非洲大陆自由贸易区协定》的框架，以行政互助的形式进行合作。

3. 海关事务的合作，适用于缔约国在海关法所涉事项上有管辖权的任何行政机关。这种合作应通过缔约国的海关部门进行。

4. 本附件不应规定任何私人有权获取、隐瞒或排除任何证据，或阻碍请求的执行。

第三条 关税术语与统计术语的协调

1. 部长理事会可允许在适用本条规定时有例外情况，如同适用《商品名称与编码协调制度》规定时所允许的例外情况一样，但是必须确信这种例外情况不会妨碍缔约国之间关税和贸易统计的比较。

2. 根据本条第1款提及的例外情况：

（a）各缔约国承诺采用符合《商品名称与编码协调制度》适用版本的海关税则术语和统计术语。因此，就其命名而言，每一缔约国应：

（i）使用《商品名称与编码协调制度》的所有项目和子项目，不得增加或修改，并附带其相关的数字代码；

（ii）对《商品名称与编码协调制度》的解释适用一般规则；

（iii）按《商品名称与编码协调制度》的编号顺序；

（b）各缔约国均应按照《商品名称与编码协调制度》的六位数编码，或根据缔约国的倡议，以便于查阅的格式定期公布其进出口贸易统计数据，除非因商业机密或国家安全等特殊原因而不予公布。

3. 为遵守本条第 2 款（a）项中的承诺，各缔约国均可作出必要的文字修改，以使《商品名称与编码协调制度》在其国内法中生效。

4. 本条的任何规定均不得阻止缔约国在其海关关税或统计术语表中设立对《商品名称与编码协调制度》超过六位数编码水平的货物进行分类，但此种分类必须符合《商品名称与编码协调制度》的规定。

第四条 协调评估制度及实践

各缔约国承诺根据《关贸总协定》关于海关估价的第七条规定，在非歧视、透明和统一适用此制度原则的基础上，采用海关货物估价制度。

第五条 简化和协调海关手续

1. 除本附件另有规定外，应鼓励各缔约国合作使用相关国际标准或其部分作为其进出口或过境手续、程序的基础。

2. 根据本条第 1 款，各缔约国承诺：

（a）各自的海关法律和程序应以适用于海关和贸易领域的国际公认文书、标准、惯例和准则为基础，例如《关于简化和协调海关程序京都公约（修订）》和《世贸组织贸易便利化协定》；

（b）以国际公认的标准、惯例和准则为基础，设计其贸易文件和此类文件所需信息并使其标准化；

（c）秉持通过有效执行本附件所载承诺促进和便利合法贸易的原则。

第六条 海关业务自动化

1. 缔约国承诺建立、使用和不断升级现代数据处理系统，以促进海关业务和相互之间的贸易数据传输高效率运行。

2. 支持缔约国确保其各自的海关部门应该：

（a）采用国际公认的标准，特别是世界海关组织（WCO）采用的标准；

（b）与利益攸关方合作，发展或采用电脑化清关及资讯系统的互联互通；

（c）促进与利益攸关方的数据交换。

第七条 预先交换材料

1. 各缔约国应努力在人员、货物和运输工具抵达各自领土之前交换本附件所述的信息，这些信息可以人工的方式或自动电子化的方式提供。

2. 各缔约国可在人员、货物和运输工具抵达另一缔约国领土之前，根据与本协定一致的规定和条件自动以电子方式交换本附件所述的任何信息。

第八条 预防、调查及制止海关犯罪

1. 各缔约国应在预防、调查和制止海关违法行为方面进行合作。在这方面，各缔约国应指定其海关联络点并把联络点通知其他缔约国。

2. 为了践行本条第1款，各缔约国应：

（a）交换在其各自领土上禁止进口的货物清单；

（b）禁止向有关地区出口本款（a）项所指的货物；

（c）在存在共同边界的情况下：

（i）交换共同边界沿线海关的名单及其所享有权力、工作时间和任何变动的详细情况；

（ii）就建立彼此密切接近的边防哨所进行协商，并采取适当步骤，确保货物通过这些边防哨所并沿共同核准的路线通行；

（iii）致力协调其相应海关办事处的工作能力和工作时间；

（d）对以下情况需重点监视：

（i）被合理怀疑参与违反任何缔约国海关法的活动的人进入、逗留和离开其领土；

（ii）被合理怀疑为非法运输对象的货物流动；

（iii）在边境附近囤积货物，被合理怀疑用作非法跨境贸易的地点；

（iv）被合理怀疑用于在任何缔约国实施海关犯罪的车辆、船舶、飞机或其他运输工具。

3. 缔约国应根据请求毫不迟延地提供关于以下情况的所有现存资料：

（a）被合理怀疑在任何缔约国犯有海关罪行的行动；

（b）被合理怀疑参与可能违反任何缔约国海关法的活动的人员、车辆、船舶、飞机和其他运输工具；

（c）已知为非法运输对象的货物；

（d）被合理怀疑违反请求缔约国海关法的货物进出口的海关文件；

（e）涉嫌违反请求缔约国海关法的缔约国之间此类货物交换的海关文件；

（f）原产地证书、发票或任何其他被合理怀疑为伪造或以其他方式出示的文件。

第九条　请求、交换和提供信息

1. 如对进出口报关单的真实性或准确性存在合理怀疑，各缔约国应根据请求并在符合本条规定的情况下，迅速以口头、书面形式或通过其他任何适当手段提供一切必要信息。"必要信息"包括本条所列的具体信息，但不限于进出口报关单、商业发票、装箱单、原产地证明和提单。但是在此过程中，不应侵犯经济经营者依照国家有关法律规定享有的保密权、隐私权。

2. 为了确保有效执行本条第 1 款，各缔约国在协定生效后，均应将指定国家联络点的详细情况通知秘书处。

3. 各缔约国在提出提供资料的请求之前，应就有关的进出口申报采取一切必要的核查。

4. 任意缔约国应承诺，在另一缔约国明确提出要求时：

（a）就请求缔约国调查中的海关违法行为进行查询、记录陈述和获取证据，并将查询结果、相关文件或其他证据转交请求缔约国；

（b）将缔约国主管机关根据该缔约国现行法律采取的行动和作出的决定通知提出请求的缔约国主管机关。

5. 请求缔约国在提出索取资料的请求时，应考虑到对被请求缔约国的相关资源和费用问题，应考虑其提出请求的财政利益与被请求缔约国在提供资料方面所作努力之间的相称性。

6. 执行本条的方式应取决于请求缔约国和被请求缔约国之间根据具体情况所作出的安排。

第十条　保护和保密

为确保根据本附件请求提供的资料得到保护和保密，请求缔约国应：

（a）给予被请求提供的资料与被请求缔约国国内法规定的相同的保密等级；

（b）仅为请求书所述目的使用该资料；

（c）未经被请求缔约国书面同意不得透露信息；

（d）在任何特定情况下，不得使用任何未经核实的资料作为减轻合理怀疑的决定因素；

（e）尊重被请求缔约国就保留、处置机密信息和个人数据方面规定的任何具体情况；

（f）根据所提供的资料就该事项作出的任何决定和采取的任何行动都应该通知被请求缔约国。

第十一条 技术合作

1. 为了继续增强各缔约国在海关事务方面的能力，缔约国应努力：

（a）制订联合培训方案；

（b）交换工作人员，分享培训设施和资源；

（c）交流与海关法律和程序有关的专业、科学和技术数据；

（d）相互支持海关程序的现代化，包括电子数据交换和电子数据交换应用程序；

（e）在实施贸易便利化措施和简化海关手续方面相互支持；

（f）为了便于管理，交换任何其他可协助海关部门进行风险管理的数据。

2. 各缔约国应将根据本条第1款开展的所有活动通知秘书处。

第十二条 海关信息通报

1. 各缔约国应就与海关有关的事项交换信息，特别是下列事项：

（a）海关法或任何其他有关国内立法、程序和关税以及受进出口限制的商品的变化；

（b）关于预防、调查和制止海关违法行为的资料；

（c）实施、执行海关法律法规所需的信息；

（d）小组委员会认为必要的任何其他资料。

2. 为践行本条第1款的内容，缔约国可以采用活页版的国家关税表。

第十三条 贸易便利化、海关合作和过境小组委员会

1. 货物贸易委员会应根据《货物贸易议定书》第三十一条设立贸易便利化、海关合作和过境问题小组委员会。

2. 小组委员会应由缔约国官方指定的代表组成，并应履行本附件或货物贸易委员会赋予的职责。

第十四条 争议解决

各缔约国之间因解释或适用本附件任何规定而发生或与之有关的任何争端，应按照《关于争端解决的规则和程序议定书》予以解决。

第十五条 审查和修正

本附件应根据《非洲大陆自由贸易区协定》第二十八条和第二十九条进行审查和修正。

附件四　贸易便利化

第一条　定义

为实施本附件的目的，应适用下列定义：

（a）"预裁定"指缔约国在申请所涉货物进口前向申请人提供的书面决定，其中规定了缔约国在货物进口时应给予该货物的待遇；

（b）就预裁定而言，"申请人"是指出口商、进口商、生产商或任何有正当理由的人或其代表；

（c）"海关法"指与货物的进口、出口、运输或储存有关的法律和监管规定以及海关部门根据其法定权力制定的任何条例，其管理和执行由海关部门具体负责；

（d）"快速装运"指由于货物的性质或由于货物是为了满足合理的紧急需要而作为优先事项需要迅速通关的货物；

（e）"易腐货物"指由于其自然特性，特别是在没有适当储存条件的情况下迅速腐烂的货物；

（f）"放行货物"指海关采取行动，允许进行清关的货物交由有关人员处置；

（g）"风险管理"指有系统地查明风险并执行实施限制风险发生所需的必要措施；

（h）"单一窗口"指允许参与贸易和运输的各方以单一入境点提交标准化信息和单证的设施，以满足所有进口、出口和与过境有关的监管要求，如果是电子信息，则需单独提交个别数据要素；

（i）"贸易便利化"指简化和协调国际贸易程序，包括收集、提交、交流和处理国际贸易货物流动所需数据所涉及的活动、惯例和手续；

（j）"过境"指在海关管制下将货物从一个海关运往另一个海关的海关手续。

第二条 目标

本附件的目的是：

（a）简化和协调国际贸易程序和物流手续，以提高进出口和过境的效率；

（b）加速缔约国境内货物包括过境货物的流动、清关和放行。

第三条 一般原则

本附件的规定应按照海关法、程序和要求的透明、简化、协调和标准化原则加以解释和适用。

第四条 出版物

1. 各缔约国应尽可能在互联网上以非歧视和易于获取的方式迅速公布下列信息，以便使缔约国、贸易商和其他有关各方了解这些信息：

（a）说明进口、出口和过境所需的程序和实际步骤，包括港口、机场和其他入境点程序，以及所需的表格和文件；

（b）所需的文件和数据，以及进口、出口或过境所需填写的表格；

（c）其进口、出口或经其领土过境的法律、规章和程序；

（d）对进口、出口征收的或与之有关的任何种类的关税和税款的适用税率；

（e）政府机构对进口、出口、过境或与此有关的收费；

（f）海关产品分类或估价规则；

（g）与原产地规则有关的一般适用的法律、法规和行政裁决；

（h）进口、出口或过境限制或禁令；

（i）违反进出口、过境手续的处罚规定；

（j）上诉或复核程序；

（k）与任何一个或多个国家订立的与进口、出口或过境有关的协定或其部分；

（l）与关税配额管理有关的程序；

（m）根据本附件第五条指定或保存的查询点的联络资料；

（n）进出口指南。

2. 缔约国应有权以任何其他方式提供这种资料。

第五条 咨询点

1. 各缔约国均应设立和维持一个或多个查询点，以回答缔约国、贸易商和其他利害关系方对本附件第四条所述事项的合理查询。

2. 各缔约国均应确保其调查点在合理期限内对调查作出答复。

3. 各缔约国应将本条第 1 款所述咨询点的联系方式通知秘书处。

第六条 预裁定

1. 各缔约国均应当在货物进口到其境内之前，在合理期限内向提出书面申请的申请人发出预裁定。申请书应记载有缔约国发布预裁定所需的一切资料。

2. 本条第 1 款所指的申请涉及下列事项：

（a）货物的关税分类；

（b）货物的原产地。

3. 此外，应支持各缔约国就下列事项作出预裁定：

（a）根据《关于实施〈1994 年关贸总协定〉第七条的协定》，适用其用于确定货物完税价格的标准；

（b）申请退税、延期或其他减免计划，以减少、偿还或免除关税；

（c）货物有资格享受的优惠待遇；

（d）原产国标签要求，包括标记的位置和方法；

(e) 该货物是否受配额或税率配额的约束;

(f) 缔约国可能决定的其他事项。

4. 尽管有本条第1款的规定，但是提出的问题、事实和条件是行政或司法审查的主题，或者申请与预裁定的任何预期用途无关，缔约国可以拒绝作出预裁定。

5. 缔约国拒绝作出预裁定的，应当及时书面通知申请人，说明有关事实和决定依据。

6. 除非支持该裁定的法律、事实或条件发生变化，否则该裁定自发布之日起至少六（6）个月内有效。

7. 各缔约国均应公布：

(a) 申请预裁定的要求，包括应提供的资料和格式；

(b) 发出预裁定的期限；

(c) 预裁定有效的期限。

8. 缔约国撤销、修改或者宣告预裁定无效的，应当书面通知申请人，说明有关事实和决定依据。只有在裁定是基于虚假或误导性信息的情况下，缔约国才可以撤销、修改或废止具有追溯效力的预裁定。

9. 各缔约国均应根据申请人的书面请求，对预裁定或撤销、修改或宣告无效的决定作出行政复审。

10. 缔约国的预裁定在其领土内具有约束力。

11. 各缔约国应积极推行在互联网上公布其预裁定，同时要保护商业机密信息。缔约国可以根据其法律、法规和程序，出于保密的原因，对预裁定的部分内容进行修改。

第七条　入境前处理

1. 各缔约国应采用或维持允许提交进口文件和包括货单在内的其他所需资料的程序，以便在货物抵达之前开始处理，以期在货物到达时加快放行。

2. 各缔约国应酌情规定提前提交电子格式的文件，以便在抵达前处理此类文件。

第八条　电子支付

各缔约国均应在切实可行的范围内，采用或维持各种程序，允许对海关在进出口时收取的包括税款和其他费用进行电子支付。

第九条　将放行与税款和其他费用的最终确定分开

1. 各缔约国应采取或维持允许货物在税款和其他费用最终确定之前放行的程序，如果此种确定未在抵达之前、抵达时或抵达后尽快完成，且所有其他监管要求均已得到满足，则应采取或维持允许货物在最终确定税费和其他费用之前放行的程序。

2. 作为放行货物的条件，缔约国可要求：

（a）在货物到达之前或之后确定的税款和其他费用的支付，以及以担保人、保证金或其法律法规规定的其他适当形式确定的任何金额的担保；

（b）以担保人、保证金或其法律法规规定的其他适当形式提供的担保。

3. 此种担保不得超过缔约国为确保支付担保所涵盖货物的税款和最终应付费用所要求的数额。

4. 如果发现需要处以罚款的违法行为，可以要求对可能判处的罚款作出保证。

5. 本条第 2 款和第 4 款规定的担保在不再需要时应予以解除。

6. 本条的任何规定均不影响缔约国以不违反本协定规定的缔约国权利和义务的任何方式审查、扣押、没收或以其他方式处理货物的权利。

第十条　风险管理

1. 各缔约国均应尽可能采用或维持海关管制风险管理制度。

2. 各缔约国均应避免任意、无理的歧视或采取对国际贸易变相限制的方式设计和实施风险管理。

3. 各缔约国均应将海关管制和其他相关的边境管制集中于高风险货物，并加快低风险货物的放行。作为风险管理的一部分，缔约国可以随机选择此类控制的货物。

4. 各缔约国均应在通过适当的选择性标准对风险进行评估的基础上进行风险管理。这种选择性标准可包括协调制度代码、货物的性质和说明、原产国、货物装运国、货物价值、贸易商的合规记录和运输工具类型等。

第十一条　清关后审计

1. 为了加快货物的放行，各缔约国均应采用或保持清关后审计，以确保遵守海关法和其他相关法律法规。

2. 各缔约国均应以基于风险的方式选择一人或一批货物进行清关后审计，其中可包括适当的选择性标准。各缔约国均应以透明的方式进行清关后审计。如果该人参与了审计过程并取得了结论性结果，缔约国应毫不迟延地将结果、该人的权利和义务以及获得该结果的原因通知被审计人。

3. 在清关后审计中获得的信息可用于进一步的行政或司法程序。

4. 缔约国应在可行的情况下，利用清关后审计的结果进行风险管理。

第十二条　平均放行时间的确定和公布

1. 鼓励缔约国使用诸如世界海关组织（在本附件中称为"WCO"）的《放行时间研究》等工具，以一致的方式定期测量和公布其货物的平均放行时间。

2. 每一缔约国可根据其需要和能力确定这种平均放行时间测量的范围和方法。

3. 鼓励缔约国与贸易便利化、海关合作和过境小组委员会分享其在衡量平均放行时间方面的经验，包括所使用的方法、已查明的阻碍以及由此产生的对效率的任何影响。

第十三条　授权经营者的贸易便利化措施

1. 各缔约国应按照本条第4款的规定，向符合特定标准的经营者（以下称为"授权经营者"）提供与进口、出口或过境手续和程序有关的额外贸易便利化措施。或缔约国可以通过适用于所有经营者的海关程序提供这种贸易便利化措施，而不需要建立一个单独的计划。

2. 获得授权经营者资格的具体标准应与遵守缔约国法律、法规或程序规定的要求有关，也与不遵守所带来的风险有关。

3. 本条第2款所指的标准应予以公布，可包括：

（a）遵守海关和其他相关法律法规的适当记录；

（b）管理记录的制度，以便进行必要的内部控制；

（c）财务偿付能力，包括酌情提供足够的担保或保证；

（d）供应链安全。

4. 本条第3款所述标准不得：

（a）其设计或适用，使经营者之间在相同条件下产生或造成任意或不合理的歧视；

（b）为了尽可能限制中小企业的参与。

5. 根据本条第1款规定的贸易便利化措施应至少包括下列三项措施：①

（a）文件和数据要求低（视情况而定）；

（b）物理查验和检查率低（视情况而定）；

（c）快速放行时间（视情况而定）；

（d）递延缴纳税款及其他费用；

---

① 本条第3款（a）至（g）项所列措施，如一般可供所有经营者使用，则视为提供给获授权的经营者。

（e）使用全面担保或减少担保；

（f）在某段期间内所有进出口货物的单一报关单；

（g）在获授权经营人的处所或海关授权的其他地方清关货物。

6. 应支持各缔约国在存在国际标准的情况下，在国际标准的基础上制订授权经营者计划，除非此类标准不是实现所追求的合法目标的不适当或无效的手段。

7. 为了改进向经营者提供的贸易便利化措施，缔约国应向其他缔约国提供相互承认经营者计划的谈判机会。

8. 各缔约国应在贸易便利化、海关合作和过境小组委员会内交流关于现行授权经营人计划的相关信息。

第十四条　快速装运

1. 各缔约国应采取或坚持此类程序，以便在维持海关管制的同时，至少能将通过空运设施进入的货物迅速放行给申请此种待遇的人。[①] 如果缔约国采用了限制申请的标准[②]，缔约国可以在公布的标准中要求，如申请人希望适用本条第 2 款所述的对其加急装运的处理的条件，申请人应当：

（a）如果申请人可以执行缔约国关于在专用设施上进行加急装运的要求，则提供适当的基础设施并支付与处理加急装运有关的海关费用；

（b）在加急货物到达之前提交放行所需的资料；

（c）对在提供本条第 2 款所述对待时所提供的近乎成本价的服务进行评估；

（d）通过使用内部安保、物流和跟踪技术，从取货到交货，对快速装运保持高度控制；

[①] 如果缔约国的现行程序规定了本条第 2 款所述的待遇，这一规定并不要求该缔约国单独采用快速释放程序。

[②] 如果有的话，这种申请标准应是缔约国对通过空运设施入境的所有货物的经营要求的补充。

（e）提供从提货到交货的快速装运；

（f）负责向海关部门支付货物的所有税款和相关费用；

（g）有遵守海关和其他相关法律法规的良好记录；

（h）遵守与切实执行与缔约国法律、法规和程序的要求直接相关的其他条件，此处的法律、法规和程序应被要求按照本条第 2 款所述内容进行具体对待。

2. 除本条第 1 款和第 3 款另有规定外，缔约国应当：

（a）尽量减少根据第十条第 1 款发放加急货物所需的文件，并在可能的情况下，规定根据一次提交的某些货运资料放行；

（b）规定在正常情况下，在抵达后尽快对快速装运放行，但须提供放行所需的资料；

（c）努力将（a）及（b）项的处理方法适用于任何重量或价值的货物，但须承认缔约国可要求额外的进入程序，包括申报文件、证明文件及缴付相关税款，并限制（a）及（b）的对待方法；

（d）在可能的范围内，规定除某些规定的货物外，不征收相关税款的最低装运价值或应纳税额。与《1994 年关贸总协定》第三条一致地适用于进口的增值税和消费税等国内税不受本条款的约束。

3. 本条第 1 款和第 2 款不得影响缔约国检查、扣留、扣押、没收或拒绝货物入境的权利，也不得影响缔约国进行清关后审计的权利，包括使用风险管理制度的权利。

4. 此外，本条第 1 款和第 2 款的任何规定均不得妨碍缔约国要求提交补充资料和履行非自动许可的内容，并以此作为放行条件。

第十五条　易腐货物

1. 为防止易腐货物出现可避免的损失或变质，在符合所有监管要求的前提下，每一缔约国应在下列情况下放行易腐货物：

（a）在正常情况下在尽可能短的时间内；以及

(b) 在适当例外情况下，如果合适，在海关和其他有关机构的工作时间以外。

2. 每一缔约国在安排可能需要的任何检验时，应对易腐货物给予适当的优先。

3. 在易腐货物被放行前，每一缔约国应安排对它们进行妥善储存或允许进口商作出此种安排。

4. 每一缔约国可要求进口商安排的任何储存设施须经其有关机构的批准或指定。

5. 将货物运至储存设施，包括向转移货物的经营人发出授权，必要时可经相关机构的批准．

6. 每一缔约国应在收到进口商请求时，在可行并遵守国内立法的情况下，为在存储设施处放行易腐货物规定任何必要的程序。

第十六条 国际标准的使用

1. 缔约国应努力使用符合国际最佳做法的国际标准和要素，用于进口、出口和过境数据的维护和报告。

2. 各缔约国均应通过秘书处酌情交流有关进出口或过境程序国际标准执行情况的信息和最佳做法。

3. 缔约国应酌情讨论进出口或过境程序的具体标准，不论这些标准是否有助于贸易便利化，如何有助于贸易便利化。

第十七条 信息技术的使用

1. 各缔约国应在可行的范围内，利用最先进的信息和通信技术，加快货物，包括过境货物的放行程序。

2. 在履行本条第 1 款所指的义务时，各缔约国应努力：

(a) 以电子方式提供进口、出口或过境货物所需的任何报关单或其他表格；

(b) 允许以电子方式提交进口、出口或过境单据；

（c）建立与贸易信息有关的数据交换电子系统，该系统可访问并不断促进进口商、出口商和从事货物过境的人进行数据交换；

（d）与其他缔约国合作，实施相互兼容的电子系统，使缔约国之间能够进行贸易数据的政府间交换。

第十八条　单一窗口

1. 各缔约国应努力建立和运行单一窗口，使贸易商能够通过单一入境点向参与的国家机关提交货物进口、出口或过境的文件和/或数据要求。国家机关审查文件和/或数据后，应及时通过单一窗口将审查结果通知申请人。

2. 如果文件和/或数据要求已通过单一窗口得到满足，国家机关不应要求提供同样的文件和/或数据要求，但紧急情况和公布的其他有限例外情况除外。

3. 各缔约国应将单一窗口运作的详细情况通知秘书处。

4. 各缔约国应在可行的范围内利用信息技术支持单一窗口。

第十九条　过境自由

各缔约国均应根据《1994年关贸总协定》第五条和《世贸组织贸易便利化协定》第十一条，确保过境自由。

第二十条　文档

1. 各缔约国均应适用统一的进出口和过境程序以及统一的单证要求，以便在其领土内放行货物。

2. 本条规定概不妨碍缔约国根据下列理由区分其进出口和过境程序及文件要求：

（a）货物或其运输工具的性质和类型；

（b）风险管理。

3. 各缔约国均应定期审查并根据审查结果，酌情确保进口、出口和过境程序及文件要求：

（a）为迅速放行货物而采用；

（b）以减少遵守此类程序的时间和费用的方式通过和适用；

（c）考虑到缔约国的财政能力，为实现其政策目标而向其提供的最低限度的贸易限制措施；

（d）如果不再需要履行有关缔约国的政策目标，应立即予以撤换。

4. 各缔约国均应尽可能接受通过其领土进口、出口或过境货物所需文件的纸质或电子副本。

第二十一条　费用及处罚

1. 各缔约国应根据《1994 年关贸总协定》第二条、第五条和第八条的规定，确保除对进口、出口或过境征收的关税或与之相关的关税外，所有其他性质的费用应限于所提供服务的大致成本，而不应按从价计算，并且不得为了对国内货物的间接保护或为财政的目的，对进口、出口或过境货物征税。

2. 各缔约国应公布本条第 1 款所指的费用清单以及对其的任何修正。在有关信息公布之前，不得收取此类费用。

3. 各缔约国应定期审查其各类费用，以期在可行的情况下减少其数量和多样性。

4. 各缔约国均应当确保，对违反海关法律、法规或者程序要求的行为的处罚，仅限于对违反其法律的行为负责的一人或数人。

5. 所采取的处罚措施须视案件的事实和情况而定，并须与违反行为的等级及严重程度相称。

6. 各缔约国应确保采取措施，以避免：

（a）在评估和征收罚款及关税方面的利益冲突；

（b）为评估或征收与本条第 5 款不一致的罚款创造奖励。

7. 各缔约国应确保在对违反海关法律、法规或程序要求的行为施加处罚时，向被判处处罚的一个或多个人提供书面解释，具体说明违反行为的性质、规定违反行为的罚款数额或范围的适用法律、法规或程序。

8. 如果某人在海关部门发现违反行为之前自愿向缔约国海关部门披露违反海关法律、法规或程序要求的情况。在缔约国确定对该人的处罚时，应支持将这一事实视为一个潜在的酌情减轻因素。

9. 本条的规定适用于过境运输的处罚。

10. 就本条而言，"处罚"一词是指因违反缔约国海关法律、法规或程序要求而被缔约国海关部门施加的处罚。

第二十二条　复核及投诉

1. 各缔约国应规定，海关部门向其发布行政决定的任何人有权在其境内：

（a）向高于或独立于作出决定的官员或办事处的行政机关提出行政投诉或由该机关进行复核；及/或

（b）就有关决定提出的司法上诉或复核。

2. 各缔约国应确保根据本条第 1 款进行审议的主管机关迅速将其决定及其理由书面通知受影响的人。

3. 如果某人收到本条第 1 款规定的关于行政或司法审查的决定，该决定应以同样方式在缔约国全境适用于同一货物。

第二十三条　使用报关员

1. 在不影响目前保持报关员特殊作用的一些缔约国的重要政策关切的情况下，自本协定生效起，缔约国不得强制使用报关员。

2. 各缔约国应通知秘书处并公布其关于使用报关员的措施。其后的任何修改均应及时通知和公布。

3. 关于向报关员发放许可证的问题，缔约国应适用透明和客观的规则。

第二十四条　装运前检验

各缔约国不得要求在关税分类或海关估价方面利用装运前检验机构。

第二十五条 边境机构合作

1. 各缔约国均应确保其负责边境管制、货物进出口和过境程序的机关、机构相互合作,协调其活动,以便利贸易。

2. 缔约国应当在可能和切实可行的情况下,按照相互商定的条件,与同一边界的其他缔约国合作,以期协调过境点的程序,便利跨境贸易。这种合作与协调可包括:

(a) 调整工作日和工作时间;

(b) 统一程序和手续;

(c) 发展和分享共同设施;

(d) 联合控制;

(e) 建立一站式边境检查站。

第二十六条 便利贸易的其他措施

1. 各缔约国应认识到合作的重要性,以便加快货物流动,减少在非洲大陆自贸区范围内进行贸易的成本和文书工作量。

2. 秘书处应随时向缔约国通报其他国际组织的贸易便利化活动、文书、建议和准则,特别是:

a) 联合国非洲经济委员会;

b) 联合国贸易和发展会议;

c) 世界海关组织;

d) 国际海事组织;

e) 国际民用航空组织;

f) 国际标准化组织;

g) 国际商会和国际商会局;

h) 国际航空运输协会;

i) 国际航运商会;

j) 世界贸易组织。

第二十七条　贸易便利化、海关合作和过境小组委员会

1. 货物贸易委员会应根据《货物贸易议定书》第三十一条设立贸易便利化、海关合作和过境问题小组委员会。

2. 小组委员会应由缔约国官方指定的代表组成，并应履行本附件或货物贸易委员会赋予的职责。

第二十八条　国家贸易便利化委员会

各缔约国应建立和/或维护贸易便利化国家委员会，或指定一个现有机制，以促进国内协调和执行本附件的规定。

第二十九条　实施

1. 各缔约国应加快执行本附件。

2. 本附件各项规定的执行程度和时间应与各缔约国，贸易便利化、海关合作和过境小组委员会的执行能力或《世界贸易组织贸易便利化协定》所通知的执行能力有关。

第三十条　争议解决

各缔约国之间因解释或适用本附件任何规定而发生或与之有关的任何争端，应按照《关于争端解决的规则和程序议定书》予以解决。

第三十一条　审查和修正

本附件应按照《非洲大陆自由贸易区协定》第二十八条和第二十九条的规定进行审查和修正。

附件五　非关税壁垒

第一条　定义

为实施本附件，应适用下列定义：

(a)"调停人"指利害关系方根据本附件附录2第2.2段商定的独立专家或个人；

(b)"利害关系方"指直接受所讨论的非关税壁垒影响的缔约方；

(c)"国家联络点"指根据本附件第五条指定的部门、政府机构或任何其他授权机构；

(d)"国家监督委员会"指根据本附件第五条设立的私营和公共部门利益相关者委员会；

(e)"非关税壁垒协调小组"指在秘书处设立的一个单位，负责根据本附件第五条协调消除非关税壁垒的工作；

(f)"易腐货物"是指因其天然特性而迅速腐烂的货物，特别是在没有适当贮存条件的情况下；以及

(g)"时限消除矩阵"指根据非关税壁垒对区域内贸易的影响程度，为消除已查明的非关税壁垒而制订的非关税壁垒消除计划。

第二条　目标和范围

1. 本附件的目的是执行《货物贸易议定书》关于消除非关税壁垒的规定。

2. 在不影响《世界贸易组织协定》规定的权利和义务的情况下，本

附件提供了在非洲大陆自贸区内查明、分类和逐步消除非关税壁垒的机制。

3. 本附件规定事项如下：

（a）消除非关税壁垒的体制结构；

（b）非洲大陆自贸区非关税壁垒的一般分类；

（c）报告和监督手段；以及

（d）促进已查明的非关税壁垒的解决。

第三条　一般分类

1. 为了发挥指导作用，缔约国可采用以下对潜在非关税壁垒的一般分类：

（a）政府参与各国政府所容忍的贸易和限制性做法；

（b）海关和行政入境程序；

（c）技术性贸易壁垒；

（d）卫生和植物卫生措施；

（e）具体限制；以及

（f）进口费用。

2. 本条第1款中的一般分类并不决定在国际贸易中使用的任何形式的政策干预的合法性、充分性、必要性或歧视性，也不损害缔约国在《世界贸易组织协定》下的权利和义务。

3. 为确保这种一般分类、子分类演变并适应国际贸易和数据收集需求不断变化的现实，缔约国可通过秘书处提出修改意见，供其他缔约国根据本附件第十七条审议和批准。

4. 一般分类和子分类的说明构成本附件附录1。

第四条　非关税壁垒专门委员会

1. 货物贸易委员会应根据《货物贸易议定书》第三十一条设立一个非关税壁垒专门委员会。

2. 专门委员会应由缔约国官方指定的代表组成，并应履行本附件或货物贸易委员会赋予的职责。

第五条　非关税壁垒专门委员会的职能

非关税壁垒专门委员会的主要职能是：

（a）制定执行本附件的工作程序；

（b）监督本附件的执行情况，以期促进对本附件和非关税壁垒机制的定期审查，以尽可能地在非洲大陆自贸区内消除非关税壁垒；以及

（c）任何其他与非关税壁垒有关的活动。

第六条　设立非关税壁垒协调小组、国家监督委员会和国家联络点

1. 秘书处应与非关税壁垒专门委员会合作，设立一个非关税壁垒协调小组。

2. 缔约国应：

（a）设立国家监督委员会和国家非关税壁垒联络点。

（b）向秘书处提供指定的国家联络点的名称和地址，以便分发给缔约国；以及

（c）国家监督委员会和国家联络点共同构成国家级别消除非关税壁垒体制结构的一部分。

第七条　非关税壁垒协调小组的职能

非关税壁垒协调小组的主要职能是与非关税壁垒专门委员会、国家联络点和区域经济共同体非关税壁垒部门以及在同一领域工作的任何其他论坛合作，协调消除非关税壁垒。

第八条　国家监督委员会

1. 各缔约国均应设立一个国家监督委员会。

2. 国家监督委员会的职能应包括：

（a）查明、解决和监督非关税壁垒；

（b）明确消除的程序；

（c）确定采取行动的最后期限；

（d）就不作为的补救措施达成协议；

（e）界定非关税壁垒机构的任务和责任；

（f）为工商界解决已查明的非关税壁垒提供明确的指导方针；以及

（g）任何其他有关活动。

3. 国家监督委员会应由代表私营和公共部门的利益相关者组成。

4. 如果报告的措施已被确定为非关税壁垒，但尚未得到解决，则国家监督委员会应着手将其纳入时限消除矩阵，以便根据本附件第十三条采取进一步的行动或解决方法。

第九条　国家联络点的职能

非关税壁垒国家联络点的职能应包括：

（a）协调实施非洲大陆自贸区的机制，以消除非关税壁垒；

（b）向国家监督委员会提供秘书服务；

（c）协助清除非关税壁垒并报告其消除情况；

（d）利用报告工具跟踪和监督非关税壁垒；

（e）就被确定为非关税壁垒的领域向工商界提供明确的指导方针；

（f）提高利益相关方对监督和评价机制以及非关税壁垒报告工具的认识；

（g）向秘书处提交关于已查明和（或）已解决的非关税壁垒的报告，供记录之用；

（h）在必要时协助调停人解决非关税壁垒；

（i）其他有关活动。

第十条　区域经济共同体的非关税壁垒监督机制

1. 区域经济共同体应建立或加强非关税壁垒监督机制，负责：

（a）跟踪和监督影响非洲内部贸易的非关税壁垒，更新消除非关税壁垒的区域和国家计划；以及

(b) 能力建设和加强利益相关方对网络系统等报告、监督和评价工具的认识。

2. 与非关税壁垒专门委员会、区域经济共同体非关税壁垒部门和国家联络点密切合作,应确保及时有效地解决已查明的非关税壁垒。区域经济共同体应合作解决已查明的非关税壁垒,以便利贸易。

3. 区域经济共同体非关税壁垒监督机制应在解决区域共同体之间的非关税壁垒时支持秘书处的非关税壁垒协调小组。

第十一条 消除和协作消除非关税壁垒的程序

在消除非关税壁垒方面,缔约国应适用本附件附录 2 所列程序。

第十二条 识别、报告、解决、监督和消除非关税壁垒的机制

1. 将建立识别、报告和监督非关税壁垒的机制,以促进在非洲大陆自贸区内消除非关税壁垒。

2. 任何缔约国或生产经营者均可通过本附件附录 2 规定的机制登记申诉或贸易关切问题。

3. 鼓励缔约国利用每个区域经济共同体现有的解决机制解决区域经济共同体内部提出的非关税壁垒。

4. 该机制将处理不能在区域经济共同体层面别解决的、在性质上属于区域经济共同体之间的或产生于不是任何区域经济共同体成员的缔约国的非关税壁垒。

5. 非关税壁垒机制应提高透明度,并为采取对已报告、已识别的非关税壁垒的后续行动提供便利。

6. 非关税壁垒的报告和监督工具应包括规定的格式、表格、网络服务或任何其他信息、通信和技术工具,这些工具将接受定期审查,并应在非关税壁垒专门委员会指定的网站上提供。

7. 缔约国的生产经营者、国家联络点、区域经济共同体秘书处、学术研究人员和其他有关各方均可利用该机制。

第十三条　非关税壁垒消除矩阵

各缔约国应当根据议定的非关税壁垒分类及其对非洲内部贸易的影响程度，编制非关税壁垒时限消除矩阵。

第十四条　透明度和信息交流

非关税壁垒协调小组应每季度向缔约国分发关于已通知的请求和答复，以及正在进行和最近解决的非关税壁垒状况报告，同时分发调停人的报告。

第十五条　技术援助

各缔约国可请求秘书处，或在必要时请求区域经济共同体秘书处提供技术援助，以促进各缔约国了解本附件附录 2 所列程序的使用和运作以及非关税壁垒的决议。

第十六条　争议解决

各缔约国之间因解释或适用本附件任何规定而发生或与之有关的任何争端，应按照《关于争端解决的规则和程序议定书》予以解决。

第十七条　审查和修正

本附件应根据《非洲大陆自由贸易区协定》第二十八条和第二十九条进行审查和修正。

附录1　非关税壁垒潜在来源的一般分类

部分	描述
第一部分	政府参与贸易和政府容忍的限制性惯例 • 政府援助，包括补贴和税收优惠 • 政府容忍的限制性惯例 • 其他
第二部分	海关及行政入境手续 • 海关估价 • 海关分类 • 领事手续和文件 • 样本 • 原产地规则 • 海关手续 • 进口许可证 • 装运前检验手续及与装运前检验有关的其他手续 • 其他
第三部分	技术性贸易壁垒 • 技术法规和标准，包括包装、标签和标记要求 • 符合性评估 • 自由销售证明书 • 其他
第四部分	卫生与动植物检疫措施 • 措施包括化学残留限量、阻止疫病、特定产品处理等 • 合格评定 • 其他
第五部分	具体限制 • 禁运和类似效果的其他限制 • 数量进出口限制或禁令 • 关税配额 • 其他

续表

部分	描述
第六部分	**进口收费** • 预先进口存款 • 附加费、港口税、统计税等 • 信贷限制 • 边境税调整 • 其他
第七部分	**其他** • 运输、结算及转运

附录2 消除和合作消除非关税壁垒的程序

在消除非关税壁垒方面，非洲大陆自贸区缔约国应采取下列程序：

1. 各缔约国应按照上述第十条，在将投诉或贸易关切问题升级至非洲大陆自贸区级别之前，需用尽在区域经济共同体级别的消除非关税壁垒的现有渠道。

2.1 第一阶段：对特定非关税壁垒的请求和答复

2.1.1 任何缔约国（"请求缔约国"）均可根据第十二条第6款，单独或与其他缔约国以书面形式或通过商定的在线信息和通信技术方法或任何其他方法向另一缔约国（"答复缔约国"）和秘书处提出请求而启动第一阶段程序，要求提供由请求缔约国已识别和报告的关于非关税壁垒的信息；

2.1.2 请求应查明和说明请求缔约国已识别和报告的具体非关税壁垒，并详细说明其对非关税壁垒对贸易的影响的关切；

2.1.3 答复缔约国应在收到请求后二十（20）天内确认并向请求缔约国提供一份载有所要求的所有信息和解释的书面答复。如果答复缔约国认为在这一期间内作出答复是不可行的，应当将延误的原因以及作出答复的估计期间通知请求缔约国。在任何情况下，不得超过收到获取信息请求之日起三十（30）天，除非双方同意延长该日期；

2.1.4 答复缔约国应将其答复直接通知请求缔约国和秘书处，以便记录；

2.1.5 秘书处应保证答复缔约国和请求缔约国遵守上述第一阶段程序2.1.1条至2.1.4条的规定；

2.1.6 请求缔约国接受答复的，请求缔约国应当通知答复缔约国和秘书处，申诉就被认为已得到解决。如果缔约国双方同意某项申诉为非关税壁垒，则答复缔约国国家监督委员会应制订本附件第十三条规定的消除计划；

2.1.7 如果答复未能解决申诉，请求缔约国应通知答复缔约国和秘书处。秘书处应在收到通知之日起二十（20）天内与缔约方召开会议，以专门处理未决申诉；

2.1.8 如果申诉在第一阶段未能圆满解决，经双方同意，并以书面形式签署协议，进入第二阶段程序；

2.1.9 任何其他缔约国可在进入第二阶段程序的决定公布之日起十（10）天内，向秘书处提出以利害关系方身份参加这些程序的书面请求；

2.1.10 在非关税壁垒最终解决之前，当事方可考虑可能的临时解决方案，特别是当非关税壁垒涉及易腐货物时；

2.1.11 对于易腐货物，应在十（10）天内处理；

2.1.12 第一阶段程序一旦被启动，如任何一当事方提出要求，第一阶段程序即告终止；

2.1.13 除非双方另有约定，第一阶段程序的总时间不得超过六十（60）天。

2.2 第二阶段：利用调停人解决申诉

2.2.1 调停人的任命

a) 在启动第二阶段程序时，秘书处应协商任命一名当事方都接受的独立专家/个人担任调停人；

b) 调停人应从专家库中抽取，其甄选和任命应符合非关税壁垒专门委员会制定的商定标准和程序；

c) 当事方应共同商定调停人的职权范围；

d) 第二阶段程序开始后，双方应在十（10）天内就调停人达成一致。

2.2.2 寻求双方同意的解决方案

a）任何一方应向调停人和另一方提供其认为相关的任何信息。

b）调停人在与缔约方协商时，应具有充分的灵活性，组织和进行这些程序的审议，这些程序通常应在秘书处总部进行，除非双方在考虑到可能的能力限制，可就任何其他对双方便利的地方达成协议；

c）在以公正和透明的方式协助缔约各方，以澄清有关的非关税壁垒及其可能产生的与贸易有关的影响时，调停人可：

ⅰ）在非关税壁垒专门委员会的支持下，吁请秘书处或任何其他有关信息来源向调停人提供所要求的任何信息；

ⅱ）单独或与缔约方联合举行会议，以促进关于非关税壁垒的讨论，并协助达成双方都同意的解决办法；

ⅲ）在与缔约方协商后，如有必要，寻求有关专家和利益相关方的协助；

ⅳ）提供缔约方要求的任何额外支持；

ⅴ）为当事人提供意见，提出可能的解决办法（技术意见），但该意见不得涉及维持本措施的任何可能的合法目标。

d）双方应相互接触，以期在第二阶段程序开始后四十五（45）天内达成双方同意的解决方案。

2.2.3 结果和实施

a）当一方终止第二阶段程序时，或双方达成一致解决方案时，调停人应在十（10）天内以书面形式向双方发布一份事实报告草案，简要概述以下内容：

ⅰ）本程序中争议的非关税壁垒；

ⅱ）遵循的程序；

ⅲ）作为本程序最终结果的共同同意的解决办法，包括可能的临时解决办法；

ⅳ）任何存在分歧的地方应由双方记录。

b）调停人应在十（10）天内向双方提供对报告草案的意见。在考虑了双方的意见之后，应在收到意见后十（10）天内以书面形式向缔约方和秘书处提交一份最终事实报告。

c）如果缔约方在共同商定后达成了解决办法，则应执行此解决办法，并通过秘书处分发给所有缔约国。此解决办法应按照本附件第十三条规定的消除计划执行。

d）如果缔约国在发布事实报告并达成双方商定的解决办法后未能解决非关税壁垒，请求缔约国可诉诸争端解决阶段程序。

e）尽管有本协议的规定，各方可同意根据《关于争端解决的规则和程序议定书》的规定将该事项提交仲裁。

2.2.4 保密

a）根据本附录规定的第一和第二阶段程序获得的所有会议和信息，无论是以口头或书面形式提供，均应保密，且不得损害任何一方或其他缔约国在根据争端解决程序进行的任何争端解决程序中的权利。保密义务不适用于已经存在于公共领域的事实信息。

b）本附录中的任何规定均不得要求缔约国披露会妨碍执法或以其他方式违背公共利益，以及损害特定公私企业合法商业利益的机密信息；

c）根据本程序，任何第三方应遵守保密要求。

附件六　技术性贸易壁垒

第一条　定义

1. 除非本附件对某一术语赋予特定含义,否则标准化的一般术语、技术法规、合格评定程序和相关活动应具有世界贸易组织《技术性贸易壁垒协定》和其他处理技术性贸易壁垒问题的国际组织所采用的定义赋予它们的含义。

2. 就本附件而言,下列缩写应具有以下含义:

(a) "AFRAC" 指非洲认证合作组织;

(b) "AFRIMETS" 指非洲计量合作组织;

(c) "AFSEC" 指非洲电子技术标准化委员会;

(d) "ARSO" 指非洲地区标准化组织;

(e) "BIPM" 指国际计量局;

(f) "CGPM" 指国际计量大会;

(g) "IAF" 指国际认可论坛;

(h) "IEC" 指国际电工委员会;

(i) "ILAC" 指国际实验室认可合作组织;

(j) "ISO" 指国际标准化组织;

(k) "OIML" 指国际法定计量组织;

(l) "PAQI" 指泛非质量基础机构;

(m) "SI" 指国际单位制;

（n）"TBT 协定"指《世界贸易组织技术性贸易壁垒协定》。①

第二条 宗旨和范围

1. 本附件的目的是执行《货物贸易议定书》关于技术性贸易壁垒的规定。

2. 本附件适用于缔约国的标准、技术法规、合格评定程序、认证和计量。

3. 本附件中对标准、技术规则和合格评定程序的引用包括对标准、技术规则和程序的修正，以及对规则或其产品范围的补充。

第三条 指导原则

1. 经缔约国同意，《世界贸易组织技术性贸易壁垒协定》应构成本附件的基础。

2. 缔约国应该遵守其根据《世界贸易组织技术性贸易壁垒协定》在标准、技术法规、合格评定程序和相关活动的制定、通过和适用方面的权利和义务。

第四条 目标

本附件的目标是：

（a）通过在标准、技术法规、合格评定、认证和计量领域的合作促进贸易；

（b）通过下列方式消除不必要和不合理的技术性贸易壁垒，促进贸易：

ⅰ）努力践行规章和标准制定方面的国际最佳做法；

ⅱ）促进使用有关国际标准作为技术法规的基础；以及

ⅲ）确定和评估贸易便利化工具，如标准的统一、技术法规的等效性、计量、认证和合格评定。

---

① 其中应包括世贸组织技术性贸易壁垒委员会自 1995 年 1 月 1 日以来通过的决定和建议。

(c) 加强合作，确定优先领域；

(d) 制订和执行能力建设方案，以支持本附件的执行；

(e) 建立相应机制和架构，以提高制定和执行标准、技术法规、计量、认可和合格评定程序的透明度；以及

(f) 促进对合格评定结果的相互承认。

第五条　合作领域

各缔约国应联合制定和执行标准、技术法规、合格评定程序、认证、计量、能力建设和执法活动，以促进非洲大陆自贸区内的贸易。

第六条　标准化合作

1. 各缔约国应促进各自标准化机构之间的合作，以便利贸易。

2. 各缔约国应：

(a) 制定和促进采用和/或改编国际标准；

(b) 促进采用由非洲地区标准化组织和非洲电子技术标准化委员会制定的标准；

(c) 如果不存在促进贸易的相关国际标准，请非洲地区标准化组织和/或非洲电子技术标准化委员会制定所需标准以促进缔约国之间的贸易；

(d) 指定联络联络中心，确保所有缔约国充分了解非洲地区标准化组织和/或非洲电子技术标准化委员会制定或将要制定的标准；

(e) 根据国际要求和最佳做法，采用统一的规则和程序制定和公布国家标准；以及

(f) 促进取得国际标准化组织、国际电工委员会、非洲地区标准化组织、非洲电子技术标准化委员会和类似国际和区域标准化组织的成员资格，并促进各成员之间的工作联络和参与。

第七条　技术法规的配合

在制定和实施技术法规时，各缔约国应促进：

（a）遵守《世界贸易组织技术性贸易壁垒协定》；

（b）使用国际标准及/或其部分作为技术法规的依据；以及

（c）实施良好规管措施。

第八条　合格评定的合作

各缔约国应：

（a）促进遵守《世界贸易组织技术性贸易壁垒协定》；

（b）使用相关的国际标准和合格评定程序；

（c）促进发展能够支持贸易的合格评定能力和技术能力；

（d）促进利用经认可的合格评定机构作为便利缔约国之间贸易的工具；

（e）促进对合格评定机构的合格评定结果的相互接受，这些机构已根据各自认可机构之间的适当多边协定以及非洲电子技术标准化委员会、国际实验室认可合作组织和国际认可论坛的相互承认安排得到认可；以及

（f）酌情通过同行审查等方式，增强对彼此合格评定结果持续可靠的信心。

第九条　认证合作

各缔约国应：

（a）促进现有认可结构在非洲大陆自贸区中的合作；

（b）鼓励和支持在非洲开展业务的非洲认证机构获得国际承认；

（c）规定并使之能够承认和支持在缔约国内运作的国家、区域和多边经济体认证机构，这些机构向没有国家认证机构的缔约国提供认证服务；

（d）如果缔约国没有国家认证机构，则为认证服务设立一个国家认证协调中心；

（e）在认可领域进行合作，参与非洲认证合作组织的工作；

(f) 促进参与非洲认证合作组织的各成员之间相互承认；

(g) 把促进对经认可的合格评定机构的使用作为促进非洲大陆自贸区内贸易的方法；

(h) 协调资源的投入，以便与非洲认证合作组织、国际实验室认可合作组织和国际认可论坛保持联络。

第十条　计量合作

1. 各缔约国应：

(a) 采用和实施国际单位制，作为法律、工业和科学计量活动协调制度的基础；

(b) 通过参与非洲计量合作组织的工作，在所有计量领域进行合作；

(c) 便利运送和适当处理送往非洲各国内外校准、测试或实验室间比较的计量文物、测试样品、测试设备和参考材料；

(d) 促进协调现有计量设施的使用，以期它们彼此可用。

2. 在法定计量方面，各缔约国应当：

(a) 促进建立国家法定计量系统，采纳国际计量实验室的建议；

(b) 制定国家法定计量部门或者机构发放的检验、试验证书和有关法定计量的批准相互承认的模式；

(c) 努力获得国际法定计量组织的正式或相应成员资格；

(d) 就有关法定计量的事项与国际法定计量组织和其他区域组织联络；

(e) 在法定计量领域进行合作，参与非洲计量合作组织的工作。

3. 在科学和工业计量方面，各缔约国应：

(a) 规定可追溯至国际单位制的国家计量标准，其计量不确定度应与缔约国的需要相称；

(b) 协助制定和参与非洲和区域经济共同体计量组织的方案，以保持缔约国国家计量标准的可持续性；

（c）推广获得国际计量局的成员资格和国际计量大会的准成员资格。

第十一条　透明度

为了提高透明度：

（a）各缔约国应重申透明度对于确保非洲大陆自贸区框架内的明确性、可预测性和信用度至关重要，并应遵守《世界贸易组织技术性贸易壁垒协定》的透明度义务，包括不时制定的通知程序和通知制度；

（b）各缔约国应把发出的通知向秘书处提交；

（c）秘书处应公布各缔约国向所有其他缔约国发出的通知，并及时予以分发。秘书处应支持世贸组织技术性贸易壁垒通知的电子传输，或采用"动植物卫生检疫措施和技术性贸易壁垒项目执行计划警报通知系统"，或利用世界贸易组织技术性贸易壁垒信息管理系统和/或任何其他电子通知系统接收或下载缔约国提交世界贸易组织的技术性贸易壁垒通知；

（d）各缔约国应使用现有的世界贸易组织技术性贸易壁垒国家通知机构，或在不存在的情况下，指定中央政府机构履行《世界贸易组织技术性贸易壁垒协定》和《非洲大陆自由贸易区协定》相关条款规定的通知义务；

（e）应将国家通报咨询机关通知秘书处；

（f）秘书处应及时向世界贸易组织技术性贸易壁垒各缔约国咨询点分发缔约国向世界贸易组织提交的通知；

（g）非世界贸易组织成员应将其技术法规草案和合格评定程序草案通知秘书处，该技术法规草案应分发给缔约国，以便缔约国提供任何意见，并在其通过和生效之前提交秘书处；

（h）尚未设立技术性贸易壁垒咨询点的缔约国应指定一个政府机关

履行技术性贸易壁垒透明度职能。

第十二条　技术援助和能力建设

1. 各缔约国应相互合作，寻求并提供技术援助和能力建设，以解决标准、技术法规、合格评定、认证、计量和共同关注的问题。

2. 秘书处应与缔约国合作，建立技术援助和能力建设方面的合作机制，以处理标准、技术法规、合格评定、认证和计量问题。

3. 秘书处应与缔约国合作，执行一项联合工作方案，以提高有效履行本附件所规定义务的能力。

第十三条　技术性贸易壁垒专门委员会的设立和职能

1. 货物贸易委员会应根据《货物贸易议定书》第三十一条设立技术性贸易壁垒专门委员会。

2. 专门委员会应由缔约国官方指定的代表组成，并应履行本附件或货物贸易委员会赋予的职责。

3. 技术性贸易壁垒专门委员会的职能应包括：

（a）就缔约国感兴趣的标准、技术法规、计量、认证和合格评定事项进行合作和协商；

（b）制定执行本附件规定的程序；

（c）确定支持标准、技术法规、计量、认证和合格评定的相关基础设施的协作领域；

（d）促进缔约国之间在执行本附件方面的合作；

（e）确定、发展和实施能力建设方案，以解决商定的问题；

（f）促进在现有人力、科学和技术资源的利用方面的合作，以及在共同关心的领域中交换标准、技术法规、计量、认证和合格评定方面的专门知识；

（g）酌情协调世界贸易组织技术性贸易壁垒委员会缔约国和其他有关国际组织采取共同立场；

（h）迅速解决缔约国提出的与制定、采用或适用标准、技术法规或合格评定程序有关的任何问题；

（i）酌情向货物贸易委员会报告本附件的执行情况；

（j）跟踪对《世界贸易组织技术性贸易壁垒协定》所做的修正（如有），并在必要时根据"协定"第二十九条提出修正本附件的建议，使其与《世界贸易组织技术性贸易壁垒协定》保持一致；

（k）与所有缔约国接收和分享关于泛非质量基础设施的信息；

（l）与其他专门委员会合作，以促进非洲内部贸易；

（m）执行货物贸易委员会可能指派的任何其他与技术性贸易壁垒有关的任务。

第十四条　争议解决

缔约国之间因解释或适用本附件任何规定而发生或与之有关的任何争端，应按照《关于争端解决的规则和程序议定书》予以解决。

第十五条　审查和修正

本附件应根据《非洲大陆自由贸易区协定》第二十八条和第二十九条进行审查和修正。

附件七　卫生与植物检疫措施

第一条　定义

1. 下列文书所载定义应适用于本附件：

（a）《非洲大陆自由贸易区协定》；

（b）世界贸易组织《关于实施卫生与植物检疫措施的协定》的附件A；以及

（c）国际标准。

2. 就本附件而言，下列缩略语应具有以下含义：

（a）"CAC"指国际食品法典委员会；

（b）"IPPC"指《国际植物保护公约》；

（c）"OIE"是指世界动物卫生组织。

第二条　宗旨和范围

1. 本附件是为了执行《货物贸易议定书》中有关卫生与植物检疫措施（以下简称"卫生与植物检疫措施"）的规定。

2. 本附件适用于直接或间接影响缔约国之间贸易的卫生和植物检疫措施。

第三条　指导原则

缔约国在制定、通过和实施卫生和植物检疫措施时，应当遵循《世贸组织卫生和植物检疫措施实施协定》的规定。

第四条 目标

本附件的目标是：

（a）促进贸易，同时保障缔约国境内的人、动物、植物的生命或健康；

（b）加强在制定和执行卫生和植物检疫措施方面的合作和透明度，以确保此类措施不会成为不合理的贸易壁垒；

（c）加强缔约国执行、监测卫生和植物检疫措施的技术能力，同时支持在消除贸易壁垒方面采用国际标准。

第五条 评估风险，以确定适当的卫生或植物卫生水平

1. 各缔约国应在回应市场准入请求时，确保其卫生或植物卫生措施，以对人类、动物或植物生命或健康所面临的风险情况的评估为基础，并考虑到相关国际组织开发的风险评估技术。

2. 各缔约国在评估风险和为了达到适当的保护水平而需要采取卫生和植物卫生措施时，应当考虑到现有的科学证据，有关工艺和生产方法，有关的检验、抽样和试验方法，特定病虫害的流行情况，无病虫害地区，相关生态环境条件，检疫或其他处理。

3. 在评估对动植物生命或健康的风险后，各缔约国为免受此类风险，确定为实现适当程度的动植物卫生保护而采取措施时，应考虑到相关的经济因素；采取措施可能造成的生产或销售损失；有害生物或疾病的生成或传播；在进口缔约国领土内控制或根除的费用；以及限制风险的替代办法的相对成本效益。

4. 在有关科学证据不足的情况下，各缔约国可以根据现有的相关资料，包括有关国际组织的资料以及其他缔约国采取的卫生和植物卫生措施，暂时采取卫生和植物卫生措施。在这种情况下，各缔约国应设法获得更客观地评估风险所需的补充资料，并在有关缔约国商定的合理时限内相应地审查卫生检疫或植物检疫措施。

5. 各缔约国有理由认为其他缔约国采取或维持的特定卫生或植物检疫措施正在限制或有可能限制其出口，而该措施并非以有关国际标准、准则或建议或此类标准为依据，或不存在这种标准、指南或建议，可要求对此类卫生或植物卫生措施的原因作出解释，并应由缔约国维持该措施，如果受害缔约国不满意，则要求根据本附件的规定对该措施进行审查。

第六条 适应区域条件，包括无虫害或疾病区和虫害或疾病低发区

为了促进动物、动物产品、动物副产品、植物、植物产品和植物副产品的非洲内部贸易：

（a）各缔约国承诺承认世界动物卫生组织《陆生和水生动物卫生守则》中概述的区域化和分区的概念、原则和准则，并同意将这一概念适用于以协商一致方式确定的规定疾病；

（b）各缔约国在执行本条第一款时，应当根据出口缔约国作出的分区决定，对其领土受疾病影响的输出缔约国适用各自的卫生措施。但进口缔约国适用卫生措施的前提必须是确信出口缔约国的分区决定符合缔约国商定的原则和准则，并以有关国际标准、准则和建议为基础。进口缔约国可以采取任何有科学依据支持的补充措施，以达到其适当的卫生保护水平；

（c）各缔约国可要求承认不属于本条 a 款所规定的分区范围的疾病的特殊地位。进口缔约国可要求对进口动物、动物产品和动物副产品提供与进口缔约国承认的商定地位相称的额外担保，包括进口缔约国认为实现适当水平的卫生保护所必需的条件；

（d）各缔约国应认可"生物安全隔离区划"的概念，并同意就此事项进行合作；

（e）各缔约国应努力识别各地区特点；

（f）进口缔约国在制定或维持植物检疫措施时，应考虑到一个地区的虫害状况，例如无虫害区、无虫害生产地、虫害流行率低的地区和出口缔约国建立的保护区；

（g）出口缔约国对于其声称的境内无虫害或疾病地区、虫害或疾病流行率低的地区，应提供必要的科学证据，以表明这些地区现在和可能仍然是无虫害或疾病地区、虫害或疾病流行率低的地区。为了证明，每一出口缔约国应向进口缔约国提供进入其领土的合理通道，以便进行检查、测试和其他有关程序。

第七条 等同

1. 如果出口缔约国通过科学和技术资料，包括参照相关国际标准或相关风险评估，客观地表明该措施将达到进口缔约国卫生或植物检疫保护的适当水平，则进口缔约国应接受出口缔约国的卫生或植物检疫措施。

2. 各缔约国应当根据请求进行磋商，以期就承认特定的卫生和植物卫生措施的等同性达成双边和多边协定。

3. 缔约国应遵循世界贸易组织实施卫生与植物卫生措施协定、食品法典委员会、世界动物卫生组织和《国际植物保护公约》制定的确定卫生与植物检疫措施等效性的程序。

第八条 协调

1. 缔约国应根据国际标准、准则和建议，合作制定和协调卫生与植物卫生措施，同时考虑到区域一级卫生与植物卫生措施的协调。

2. 如果有科学依据，缔约国可以比根据有关国际标准、准则或建议采取的措施所能达到的更高水平，或者由于缔约国根据本附件第五条的有关规定认为适当的卫生和植物卫生保护水平，采取相应的卫生与植物卫生保护措施。

3. 缔约国应充分参与有关国际组织及其附属机构，特别是食品法典委员会、世界动物卫生组织和国际植物保护公约。在这些组织内促进制定和定期审查与卫生和植物检疫措施所有方面有关的标准、准则和建议。

4. 如果缔约国共同确定某一商品处于优先级别，则应为该商品制定统一的卫生检疫或植物检疫进口要求。

第九条 审核

1. 为了保持对本附件执行的信用度，进口缔约国可对出口缔约国主管机关的全部或部分管制方案进行审计或核查，或两者同时进行。进口缔约国应自行承担与审计或核查有关的费用。

2. 为符合本条第 1 款规定，缔约国在进行相互商定的审计或核查时，应遵守国际标准机构制定的原则和准则。

第十条 进出口检验及费用

1. 再次强调各缔约国有进行进出口检查的权利和义务，同时要遵守国际标准机构在进行检查时确立的原则和准则。

2. 进口或出口缔约国可收取检查费，但不得超过在进行检查过程中引起的合理费用。

3. 当进口检验发现不符合相关进口要求时，进口缔约国采取的行动应以有关国际标准或对所涉风险的评估为基础，并不得比实现缔约国适当水平的卫生和植物卫生保护所需的贸易限制性更强。

4. 进口缔约国应将不合格货物以及不合格的原因和应采取的行动通知进口国和出口缔约国主管机关。进口缔约国可以向出口商提供审查该决定的机会。进口缔约国应审议为协助审查而提交的任何有关资料。

第十一条 透明度

1. 各缔约国认识到透明度对于确保透明度、可预测性和相互信任以促进非洲内部贸易至关重要，应：

（a）按照卫生和植物检疫专门委员会制定的程序履行透明度义务；

（b）指定一个国家协调中心，以履行本条规定的通知义务；

（c）将进一步分发给缔约国的任何卫生和植物检疫措施草案、修订或通过的措施通知秘书处。

2. 各缔约国应努力就其他卫生和植物检疫问题交流信息，包括：

（a）各缔约国主管机关的结构或组织发生重大变化；

（b）应请求提供各缔约国官方管制的结果和关于对本附件规定实施管制情况的报告；

（c）在货物被拒收或不符合规定的情况下，本附件第十条规定的进口检验的结果；

（d）缔约国根据本附件第五条就相关请求提出的风险分析或科学意见；

（e）有害生物或疾病状况，包括新疾病或新有害生物的演变；

（f）与缔约国之间交易的产品有关的任何构成食品安全风险的食品安全问题；

（g）检疫限制等进口要求。

第十二条　技术咨询

1. 某缔约国对另一缔约国提出或实施的食品安全、植物健康、动物健康或任何其他与卫生和植物检疫措施有重大关切的，该有关缔约国可以请求与另一缔约国进行技术磋商。

2. 被请求缔约国应在收到请求后三十（30）天内对请求作出答复。

3. 各缔约国均应提供必要的资料，以避免贸易中断，并视情况达成双方都能接受的解决办法。

4. 如果缔约国未能达成双方都能接受的解决办法，可将此事提交卫生和植物检疫专门委员会审议。

第十三条　卫生检疫应急措施

1. 各缔约国应当自决定实施卫生和植物检疫紧急措施之日起四十八（48）小时内实施该措施。各缔约国要求就紧急卫生和植物检疫措施进行技术磋商的，应当在收到紧急卫生和植物检疫措施通知之日起十（10）个工作日内进行技术磋商。各缔约国应审议通过技术协商提供的任何资料。

2. 进口缔约国对就在缔约国之间通过和实施紧急卫生和植物检疫措施时正在转运的货物作出决定时，应考虑出口缔约国及时提供的信息。缔约国应当根据本附件第五条规定的风险评估原则作出决定。

第十四条 合作和技术援助

1. 各缔约国同意合作履行本附件规定的义务，包括技术援助，特别是在下列领域：

（a）各缔约国之间交流信息和分享专门知识和经验；

（b）在参加与《非洲大陆自由贸易区协定》有关的国际卫生和植物检疫论坛时采取统一的共同立场；

（c）根据既定的科学数据或相关国际标准，在区域和大陆级别制定和协调卫生和植物检疫措施；

（d）完善测试实验室等基础设施；

（e）公共和私营部门利益相关方的能力建设，包括信息共享和培训；

（f）确定或建立卫生和植物检疫英才中心。

2. 缔约国可与区域和国际卫生和植物检疫机构合作。

第十五条 卫生与植物卫生措施专门委员会的设立和职能

1. 货物贸易委员会应根据《货物贸易议定书》第三十一条设立一个卫生和植物检疫措施专门委员会。

2. 专门委员会应由各缔约国官方指定的代表组成，并应履行本附件或货物贸易委员会分配给它的职责。

3. 卫生和植物检疫措施专门委员会的职能是：

（a）监督及审查本附件的实施情况；

（b）就可能出现的卫生和植物检疫措施问题的识别、优先次序、管理和解决提供方向；

（c）提供一个定期论坛，交流有关各缔约国监管制度的信息，包括卫生和植物检疫措施的科学和风险评估基础；

（d）编写和保存一份文件，详细说明缔约国之间关于承认特定卫生和植物检疫措施等同性的工作的讨论情况；

（e）制定执行本附件规定的程序；

（f）与秘书处一起，确定、制定和监督本附件各项规定的能力建设方案的执行情况；

（g）查明加强双边交流和增进关系的机会，其中可能包括各缔约国之间的官员交流；

（h）尽快审议各缔约国提交的卫生和植物检疫问题；

（i）促进各缔约国之间更好地了解本附件关于卫生和植物检疫措施条款的执行情况，并促进缔约国之间在多边论坛上讨论的卫生和植物检疫措施问题上的合作，这些多边论坛包括世贸组织卫生和植物检疫委员会、食品法典委员会、世界动物卫生组织和《国际植物保护公约》（视情况而定）；

（j）在早期阶段确定和讨论具有卫生和植物检疫组成部分并将受益于合作的倡议；

（k）与其他专门委员会合作，以促进非洲内部贸易；

（l）承担货物贸易委员会指派的任何其他任务。

4. 为了践行本条第 2 款，各缔约国应根据需要定期提供有关信息。

5. 各缔约国可将任何卫生和植物检疫问题向卫生和植物检疫专门委员会提交：

（a）如果卫生和植物检疫专门委员会无法解决某一问题，则应将该事项提交货物贸易委员会审议；

(b) 各缔约国对专门委员会的决定不满意的，应将此事提交到货物贸易委员会。

第十六条　争端解决

缔约国之间因解释或适用本附件任何规定而发生或与之有关的任何争端，应按照《关于争端解决的规则和程序议定书》予以解决。

第十七条　审查和修正

本附件应根据《非洲大陆自由贸易区协定》第二十八条和第二十九条进行审查和修正。

附件八 过境

第一条 定义

就本附件而言，下列定义应适用：

(a)"非洲大陆自贸区过境文件"指部长理事会批准并在非洲大陆自贸区内使用的过境申报海关文件；

(b)"承运人"指实际运输过境货物或负责各自运输工具的营运的人；

(c)"集装箱"指运输设备（升降车、移动式罐或其他类似结构物品）：

ⅰ）完全或部分围封，以构成一个拟容纳货品的舱室；

ⅱ）具有永久性，足够坚固，适合重复使用；

ⅲ）专门为便利货物运输而设计的一种或多种运输方式，无须中间换装；

ⅳ）设计成随时可处理，特别是在从一种运输方式转移到另一种运输方式时；

ⅴ）设计成易于填充和清空；

ⅵ）内部容积为1立方米或以上；

并且，还必须包括适合相关类型的货柜附件及设备，但该等附件及设备须与货柜一起运载。不包括车辆附件或车辆备件、包装或托盘。

"可拆卸的物体"应视为容器。

(d)"海关"指负责实施海关法和征收关税的政府部门，其还负责实施与货物进出口、运输或储存有关的其他法律和条例；

(e)"离境海关"指缔约国着手办理过境业务的任何海关；

(f)"目的地海关"指终止海关过境业务的缔约国任何海关；

(g)"途中海关"指在海关过境业务过程中进口或出口货物的任何海关；

(h)"入境海关办事处"是指第二个或其后其他缔约国的办事处，其中对该国而言，本附件的规定开始适用，并包括任何海关办事处。即使这些办事处不在边界上，也是过境后海关的第一个管制点；

(i)"海关过境"指在海关管制下将货物从一个海关运往另一个海关的海关程序，其定义见《伊斯坦布尔公约》附件A，特别是经修订的《京都公约》附件E；

(j)"出口关税局"指任何海关，即使不在边境上，也是过境前海关管制的最后一个地点；

(k)"货物"包括各种物品、货物、商品、动物、植物和货币，不论是否被禁止，不论是否打算出售，凡出售任何此类货物，则为出售所得；

(l)"运输工具"包括任何船只（包括驳船及筏船，不论是否船载及水翼船载）、气垫船、飞机、机动道路车辆（包括带发动机的自行车、拖车、半拖车和车辆组合）和铁路机车车辆；以及它们所载的正常备件、附件和设备。船上运输工具（包括装卸、搬运和保护货物的专用设备，以及视当地情况需要而定的装卸、处理及保护货物的特别设备）；

(m)"安全"指确保海关部门妥善履行对海关的义务。安全的定义是"确保若干行动所产生的义务将按照经修订的《京都公约》总附件第二章的定义得到履行时，即为一般安全"；

(n)"担保人"指任何人向某缔约国的海关部门作出的承诺，即对过境的债务、义务、违约或失败负责，或在此种货物的承运人不遵守进入过境缔约国的过境运输条款和条件的情况下，向过境缔约国支付进口税和应付的任何其他款项；

（o）"过境运输"指包括非随身行李、邮件、人员及其运输工具在内的货物按照本附件第二条第1款规定的行程经缔约国领土的运输；

（p）"转运人"指负责通过海关业务运输货物的法人；

（q）"船舶"指任何机械推进船舶、利用人力的小型船只、具有船内发动机动力的船舶，或任何其他在水中载运乘客或货物的船舶。

第二条 总则

1. 各缔约国承诺在下列情况下给予一切过境运输自由，使其能够使用任何适合于这一目的的运输工具穿越各自领土：

（a）缔约国或受其约束的缔约国；

（b）受其他缔约国约束的第三方；或

（c）对第三国有约束力的其他缔约国；或

（d）是第三方并受其他第三方约束。

2. 各缔约国承诺不对本条第1款所述过境运输征收任何进出口税。

3. 尽管有本条第2款的规定，但根据本附件第八条第1款，缔约国可征收相当于所提供服务的行政或服务费。

4. 为践行本附件的目的，缔约国承诺确保在对待来此的人、货物和运输工具方面不受歧视。

5. 尽管有本条第1款的规定，缔约国仍可根据《货物贸易议定书》第二十六条和第二十七条采取措施。

第三条 适用范围

1. 本附件应适用于在两个不同缔约国的两个地点之间或在一个缔约国与第三方之间过境的任何转运人、邮件、运输工具或任何保税货物的装运。

2. 本附件的规定仅适用于下列过境运输：

（a）由根据本附件第五条的规定获得许可的承运人经营；

（b）在本附件第四条规定的条件下，通过离境海关批准并签发本附件附录 3 规定格式的运输工具进行的运输；

（c）由担保人按照本附件第六条的规定提供担保；

（d）在非洲大陆自贸区的范围内进行。

本附件的规定仅适用于公路运输的过境货物。

第四条　运输工具的批准

1. 过境贸易中使用的运输工具，应当由各缔约国有关许可机关依照本国法律、法规颁发许可证。

2. 为践行本附件第三条第 2 款（b）项，运输工具及其货物应在每次过境运输作业开始前提交离境海关检查，以确保其符合本附件附录 2 规定的技术条件。

第五条　转运人和承运人的许可证

1. 打算根据本附件的规定从事过境运输业务的任何人，应由该人向经常居住的缔约国主管机关或设立的其他主管机关申请。缔约国主管机关或设立的其他主管机关向其颁发许可证，并应将所有获得许可证的人通知所有其他缔约国。

2. 向在各缔约国居住或设立的人发放本条第 1 款所述许可证的条件应为：

（a）根据国家法律，满足了本附件第四条的要求；

（b）申请人在过去三年内，没有因接受、收受或提供贿赂，走私、盗窃、销毁证据文件，以及没有或拒绝提供与跨境货物运输有关的资料等严重罪行而被定罪。

3. 本条第 1 款所述的向非缔约国居民或者非缔约国境内设立的申请人发放许可证的条件，由各缔约国与其他缔约国协商确定。但此种条件不得优于给予该缔约国居民或缔约国设立的申请人的条件。

4. 被判犯有本条第 2 款（b）项所述海关罪行的持牌承运人和运输人，或隐瞒其为获得许可证而被判犯有此类罪行的记录，或在获得经营过境运输的许可证后犯有此类罪行的，应由发证机关自动吊销或撤销其许可证，并随即通知其他缔约国的海关部门和所采取行动的保证人。

第六条　保证和担保

所有在非洲大陆自贸区过境文件的框架下进行的过境运输业务，均须由海关保证或担保予以保障。

第七条　非洲大陆自贸区过境文件

1. 根据部长理事会核准的条件和条例，每一缔约国承诺授权一名转运人或其授权代理人按照本附件附录 1 所列说明，就每批过境货物编制一份非洲大陆自贸区过境文件。

2. 非洲大陆自贸区过境文件应符合部长理事会批准的标准格式。非洲大陆自贸区过境文件应仅对过境作业有效，并应包含足够数量的副本，用于相关运输作业所需的海关管制和卸货。

3. 本附件规定的所有运输工具均应附有相关的非洲大陆自贸区过境文件，且此类文件应按要求由承运人提交，连同各自的运输工具和证书，送至途中的海关和目的地的海关，以便采取适当行动。

第八条　免除海关检查和收费

1. 在符合本附件第 4 条和第 5 条规定的前提下，以经批准的密封运输工具、密封包装运输的货物，或经离境海关接受为不易被篡改、替换或操纵的货物，并获准启封运输的货物，不受下列条件的限制：

（a）关税和所有过境税或对过境征收的其他费用，但运输费或与过境引起的行政费用或所提供服务的费用相称的费用除外；

（b）作为一般规则，在这些办事处进行海关检查。

2. 尽管有本条第 1 款的规定，海关部门如怀疑货物不正常，可在这些办事处对货物进行部分或全部检查。

第九条 过境程序

1. 所有的过境货物和运输工具，应连同合法作成的非洲大陆自贸区过境文件及其所需的债券和担保，送交海关查验和加盖海关印章。

2. 离境海关应决定所使用的运输工具是否能够提供足够的保障，以确保海关安全，以及是否可以在相关的非洲大陆自贸区过境文件的证明下进行装运。

3. 货物不可用密封的运输工具或舱室运输的，海关离境办事处的海关部门可授权在其认为必要的条件下，使用未密封的运输工具或车厢进行运输，并相应地签署相关的非洲大陆自贸区过境文件。

4. 本附件规定的货物运输中使用的运输工具不得同时用于旅客运输，除非此类货物是用运输工具的一部分运输的，该部分运输工具已充分密封，以使离境海关满意。

5. 在卸货、转运或收货过程中，不得以非洲大陆自贸区过境文件的名义添加、提取或替代托运货物。

6. 运输工具和各自的非洲大陆自贸区过境文件应在途中和目的地海关向海关部门提交，以便根据本附件的规定采取行政行动。

7. 除怀疑有违规行为外，各缔约国境内的海关应当尊重其他缔约国海关部门加盖的印章。但是这些海关部门可以自行加盖额外的印章。

8. 为了防止滥用，海关部门应在立法中公布要求：

（a）运输工具将被护送通过其国家领土，费用由运输人承担；

（b）对运输工具及其装载物的检查应在其本国境内进行。

9. 任何由适当的非洲大陆自贸区过境文件证明的未密封装运货物应只有一个目的地海关。

10. 如果运输工具中的货物在途中或运输过程中的任何地方在海关检查，有关海关部门应按照本附件附录 4 的规定，加盖新的印章并作出经核证的申报，包括更新任何电子管理系统中的违规事项（如有）及其所加盖的新印章的详情。

11. 如果发生事故或迫在眉睫的危险，需要立即卸载全部或部分运输工具，承运人：

（a）可主动采取必要步骤，确保所运输的货物或运输工具的安全；

（b）须在其后尽快将离境通知海关；

（c）须在适当情况下安排，在有关海关部门或根据国家法律正式指定的任何其他机关在场的情况下，将货物转移到其他运输工具。该机关应在非洲大陆自贸区过境文件上注明转移到其他运输工具的货物的详细情况，并在可能的情况下加盖其海关印章。

12. 抵达目的地海关后，非洲大陆自贸区过境文件应被立即核销。但是，如果货物不能根据该海关制度立即入境，海关部门可保留有条件地核销单证的权利，条件是以新的责任取代担保该单证的担保人的责任。

13. 除本条第 10 款规定的情形外，海关加盖的封条在运输途中破损，或货物在封条未被破损的情况下被毁损的，在不影响国家法律规定适用的情况下，依照本条第 11 款规定的程序办理，并按照本附件附录 4 中规定的格式起草经认证的报告。

14. 海关部门如确信非洲大陆自贸区过境文件所证明的货物已因不可抗力而被损毁，则可免除关税。

第十条　各缔约国的义务和保证人的责任

根据本附件第六条的规定，各缔约国的义务和担保人的责任如下：

（a）各缔约国承诺积极向另一缔约国转移必要的资金，以支付根据本附件的规定向担保人索赔的保费或其他费用，或支付转运人在过境运输作业过程中犯罪时可能招致的任何罚款；

（b）各缔约国确保担保人承担的责任涵盖了非洲大陆自贸区过境文件持有人和其他参与过境运输业务的人因违反缔约国的海关法律和法规

所需承担的进出口税；

(c) 为确定本条 (b) 款所述的关税，除非存在相反的证明，否则在非洲大陆自贸区过境文件中所记载的货物详情应视为正确；

(d) 在可行的情况下，在所有过境运输业务中应由其他缔约国提供服务，但这种服务必须比任意其他缔约国提供的服务具有竞争力和效率；

(e) 如果非洲大陆自贸区过境文件尚未被核销或有条件被核销，各缔约国主管机关不得向担保人要求支付本条 (b) 款所述的款项。除非自非洲大陆自贸区过境文件被接管之日起一 (1) 年内，该主管机关已经将该文件的未被核销或有条件核销的情况通知担保人；

(f) 在错误或欺诈地取得核销证书的情况下，本条 (e) 款不应妨碍各缔约国在此后任何时候根据本国法律对有关人员采取必要行动；

(g) 担保人及被控犯罪的人，须共同或各自负担缴付该等款项的法律责任。海关部门可能已授权在通常进行离境或目的地海关业务的地点以外的其他地方检查货物，但这不影响担保人的责任；

(h) 担保人对任何缔约国机关的责任，应自该缔约国海关部门接受非洲大陆自贸区过境文件之日起开始，并应仅涵盖该文件所列的货物；

(i) 各缔约国海关部门无条件核销非洲大陆自贸区过境文件后，不得就本条第 (b) 款所述关税向担保人要求付款，除非核销证书签发错误或存在欺诈；

(j) 运输人和担保人应在所载货物已妥为出口或以其他方式向有关缔约国海关部门作出符合规定的说明时，解除其对每一入境缔约国海关部门的承诺；

(k) 本条 (b) 款所指的付款要求应在担保人被通知有关非洲大陆自贸区过境文件未被核销或有条件核销，或核销证明书是错误或欺诈获得之日起三 (3) 年内提出。但是，本条所指的三 (3) 年期间包括法律诉讼期间。根据本条规定提出的任何付款要求应在法院决定可执行之日起一（1）年内提出。

第十一条 其他规定

1. 在不可能将货物从一种运输工具直接转运到另一种运输工具的情况下，各缔约国应努力设立过境区或者关税区，或为设立过境区或关税区提供便利，以便临时储存过境货物。

2. 这些过境或关税区的管理和运作应符合有关缔约国的海关规章制度。

3. 各缔约国承诺允许其他缔约国的个人、组织或协会或其授权代理人在其领土内设立货物清关和转运办事处，并为此提供便利，以便根据本国法律和条例便利过境运输。

4. 在非洲大陆自贸区过境文件的证明下，从事国际过境运输业务的每一种运输工具的前部和后部应贴上印有"非洲自贸区过境"字样的标牌，其规格见本附件附录5。这些标牌的放置方式应使其清晰可见、可移动且能够密封。这些标牌上的封条应由离境海关贴上，并由目的地海关部门拆除。

5. 各缔约国应通过秘书处相互通知其使用的印章和日期印章的式样。

6. 各缔约国均应通过秘书处向其他缔约国发送其海关办事处和车站的清单以及这些办事处的正常工作时间。

7. 邻国在确定列入本条第6款所列清单的边防海关时，应当相互协商，并在可能的情况下将边防海关并列。

8. 在本附件所述的所有海关业务中，除在指定的日期、时间或地点以外的其他时间或地点提供服务外，不应就海关出勤收费。

9. 在可能的情况下，海关边防局应每天24小时营业，或应允许在正常工作时间以外办理与本附件规定的货物运输有关的海关手续。

10. 承运人违反本附件的规定，应使承运人受到违法行为地缔约国法律规定的处罚。

11. 本附件的任何规定不得妨碍缔约国就在其领土内开始、终止或通过其领土的运输业务颁布立法，但此种立法的规定：

（a）不得与本附件的规定相抵触；

（b）不向第三方提供比缔约国享有的利益更有利的利益。

12. 所有的非洲大陆自贸区过境文件都可附上说明，说明如何使用该文件。

第十二条　贸易便利化、海关合作和过境专门委员会

1. 货物贸易委员会应根据《货物贸易议定书》第三十一条设立贸易便利化、海关合作和过境问题专门委员会。

2. 专门委员会应由缔约国官方指定的代表组成，并应履行本附件或货物贸易委员会赋予的职责。

第十三条　实施

1. 缔约国应加快执行本附件。

2. 本附件各项规定的执行程度和时间应与各缔约国向非洲大陆自贸区贸易便利化专门委员会通报的执行能力有关，或与根据《世界贸易组织贸易便利化协定》所述的各缔约国执行能力有关。

第十四条　规定

部长理事会应通过条例，促进本附件的执行。

第十五条　条款冲突

如果本附件与《非洲大陆自由贸易区协定》有冲突，以后者为准。

第十六条　争端解决

各缔约国之间因本附件任何规定的解释或适用而产生或与之有关的任何争端，应根据《关于争端解决的规则和程序议定书》予以解决。

第十七条　审查和修正

1. 本附件应按照《非洲大陆自由贸易区协定》第二十八条和第二十九条的规定进行审查和修正。

附录1 非洲大陆自贸区过境文件使用说明

1. 此处称为"AfCFTA TD"的非洲大陆自贸区过境文件应在货物首次申报过境的起始国编制。

2. 非洲大陆自贸区过境文件应以阿拉伯文、英文、法文和葡萄牙文印刷,但应以起始国的语言完成。其他国家的海关部门保留要求翻译成本国语言的权利。

为了避免这一要求可能造成不必要的延误,建议承运人向运输工具的经营人提供必要的翻译。

3. 非洲大陆自贸区过境文件在目的地海关完成过境作业前仍然有效,但前提是在发证机构规定的期限内已在海关办事处接受海关控制,并符合以下要求:

(a) 非洲大陆自贸区过境文件必须多图显示或清晰打印;

(b) 如果货单上没有足够的空间来输入所有载运的货物,可以将与货单有相同型号的单独表格附在货单上,但所有货单副本必须包含以下内容:

ⅰ) 所适用的表格;

ⅱ) 包装数量、类型和散装货物应在单独的表格中列出;

ⅲ) 上述表格中所列货物的总价值和总毛重。

4. 重量、体积和其他计量单位应采用公制单位,并以起始国货币或部长理事会确定的货币表示。

5. 非洲大陆自贸区过境文件不得涂改或重写。如有需要,可删去不正确的资料,并加上所需的资料。

6. 任何更正、补充或者其他修改，应当由作出更正、补充或者其他修改的人承认，并由海关部门会签。

7. 当在非洲大陆自贸区过境文件上包括联运工具或多个集装箱时，应在货单上分别注明每种运输工具所载的物品。在提供这些信息之前，应先登记运输工具或集装箱的识别号。

8. 如果目的地有一个以上的海关，则应在货单上把在每个海关监管下取得的货物或拟在每个海关接受监管的货物的记项明确分开。

9. 如果在运输途中，海关封条被损坏或货物被意外毁坏或损坏，运输工具经营人应确保由车辆所在国机关尽快起草一份经核证的报告。

10. 如果附近有海关部门，经营者应与海关部门联系。如果没有，则应与其他主管机关联系。经营者应提供本附件附录 4 中关于非洲大陆自贸区内过境运输工具的认证报告表的副本。

附录2 关于在非洲大陆自贸区内使用海关印章运输货物技术条件的条例

1. 只有在下列情况下建造和装配的运输工具,才可被批准在非洲大陆自贸区内以加盖印章的运输方式运输货物:

(a) 海关印章可以简单有效地加盖于其上;

(b) 在运输工具的密封部分没有明显损坏或没有破坏密封的情况下,任何货物不得从该部分被运出或被运进;

(c) 它们不包含可隐藏货物的隐藏空间。

2. 运输工具的构造须为舱室、贮器或其他能盛载货物的凹槽形式的舱间,易于通达,以供海关检查。

3. 如果运输工具的侧面、地板和屋顶的不同层次形成了空隙,则内表面应牢固固定、坚固无破损,且在拆卸时不能留下明显的痕迹。

4. 在地板上为相应技术需要而开的孔,例如润滑、维护和锉砂箱,只有在其安装有盖子的情况下才允许使用,盖子的固定方式应能使装载室无法从外部被进入。

5. 运输工具的门和其他关闭系统应安装一个装置,以容许简单而有效的海关封口。该装置应至少用两个螺栓固定,铆接或焊接到内部的螺母上。

6. 合页的制造和安装应确保一旦关闭,门和其他关闭系统就不能从合页销上被提起;螺钉、螺栓、合页销和其他紧固件应焊接在合页的外部。然而,如果门和其他关闭系统具有无法从外部接触到的锁定装置,则应免除这些规定。该锁定装置一旦应用,可防止门从合页销上被提起。

7. 门的构造应能覆盖所有空隙，并确保完全有效地关闭。

8. 运输工具应配备有效的保护海关印章的装置，或其构造应使海关印章得到充分保护。

9. 上述条件也应适用于保温车、冷藏车、罐车和厢式货车，只要它们与其用途不冲突。

10. 罐车的法兰（罐装盖）、排水旋塞和检修孔的处理方式，应便于简单有效的海关密封。

11. 可折叠集装箱或可拆卸集装箱与不可折叠集装箱或不可拆卸集装箱适用相同的条件，只要集装箱的锁紧装置允许海关密封，而且集装箱的任何部分都不能在不打开封条的情况下移动。

附录3　运输工具批准证书

1. 证书编号…………　　起始国………………

2. 到期日…………

3. 证明下列运输工具符合进入非洲大陆自贸区内运输加盖海关印章货物所需的条件。

4. 持有人（所有人或承运人）的名称和地址…………

5. 品牌…………

6. 类型…………

7. 发动机号…………　　底盘编号…………

8. 注册号…………

9. 其他细节…………

10. 签发（地点和国家）在………………　　（日期）在…………

11. 发证机关签章…………

注意：如运输工具不在使用中，或在所有人或承运人变更时，或在证明书的有效期届满时，或在运输工具的任何基本资料有任何重大改变时，本许可证须在运输工具的驾驶室内加以框定及展示。

附录4　运输工具内装物检验认证申报表

1. 非洲大陆自贸区过境文件编号……………　签发地点………

2. 运输工具批准证书编号……

3. 关于所审查的运输工具的信息：

——运输工具…………

——注册号…………

4. 检查原因（适当时检查）

	密封件损坏或丢失
	存在非法闯入
	车辆发生交通事故
	其他

检查结果（适当时检查）

	所有包裹都完好无损，里面的东西都没有丢失

下列货物/包裹丢失/损坏

序列号	货物和标识	包裹数量和种类	货物说明	评论

结论_____

办事员姓名………　签名………　盖章…………

附录 5　AfCFTA 运输牌照

1. "AfCFTA TRANSIT"字样应为 70 毫米高。
2. 应使用罗马字母。
3. 字母必须是白色的，背景为蓝色。
4. 字母的排列方式如下：

```
┌─────────────────────────────┐
│                             │
│        AfCFTA TRANSIT       │
│                             │
└─────────────────────────────┘
```

附件九 贸易救济

第一条 定义

就本附件而言,下列定义应适用:

(a)"非洲大陆自由贸易区准则"指关于实施贸易救济的准则;

(b)"国内产业"指进口缔约国国内同类产品(或保障措施中具有直接竞争产品)的生产者,其集体产量占该产品国内总产量的主要部分;

(c)"倾销"指一种产品以低于正常价值的价格进入另一缔约国的商业;如果从一个缔约国出口到另一个缔约国的产品的出口价格低于该同类产品在出口缔约国消费时的正常贸易过程中的可比价格;

(d)"损害"指对国内产业的实质损害或实质损害威胁,或对建立产业的实质性阻碍;

(e)与保障措施有关的"严重损害"指国内产业地位的重大整体损害;

(f)"利害关系方"应包括:

i)受调查产品的出口商、外国生产商或进口商,或大多数成员为该产品的生产商、出口商或进口商的贸易或商业协会;

ii)在进口缔约国境内生产同类产品的生产商或在进口缔约国境内生产同类产品的缔约国过半数的贸易和商业协会;

iii)被调查产品的第三国政府和出口缔约国政府;

ⅳ）由调查机关确定的任何其他国内外当事人；

（g）"调查机关"指负责在缔约国进行贸易救济调查的机关；

（h）"有适当文件证明的申请"指由国内产业或代表国内产业提出的书面申诉。以要求的格式申请；

（i）"保障措施"指各缔约国所采取的措施，其中一种产品以绝对数量或相对于其国内生产的数量增加的方式进口到其领土，并且在这种情况下对其生产同类或直接竞争产品的国内产业造成或可能造成严重损害；

（j）"严重伤害威胁"应理解为明显迫在眉睫的严重伤害。确定严重损害威胁的存在，应当以事实为依据，而不仅仅是指称、推测或遥远的可能性。

第二条 反倾销、反补贴和保障措施的适用

对于根据本附件的规定进行贸易的货物，各缔约国可以根据世界贸易组织的相关协定，适用《货物贸易议定书》第十七至十九条、本附件和《非洲大陆自由贸易区准则》规定的反倾销、反补贴和保障措施。

第三条 全球保障措施的适用

各缔约国应确认其在《1994年关贸总协定》第十九条和《世界贸易组织保障协定》下的权利和义务。

第四条 优惠保障措施的适用

1. 由于执行本协定，原产于各缔约国的任何产品正以绝对数量或相对于国内生产数量增加的方式进口到另一缔约国领土，在对国内同类或直接竞争产品造成或可能造成严重损害的情况下，该缔约国可根据本附件和《非洲大陆自由贸易区准则》规定的条件和程序，采取优惠保障措施。

2. 打算采取最终优惠保障措施的缔约国，应当在采取此种措施之前，向其他相关缔约国提供一切有关信息，以便寻求所有相关缔约国都能接受的解决办法。

3. 各缔约国应审查本条第 2 款所提供的信息，以促进形成相互接受的解决办法。

4. 未达成决议的，进口缔约国可以适用本条规定的优惠保障措施。

5. 本条第 4 款所述的优惠保障措施应立即通知秘书处，秘书处应通知其他所有缔约国。

6. 优惠保障措施应仅适用于为防止或补救严重损害或严重损害威胁，并为进口缔约国根据本附件和《非洲大陆自由贸易区准则》规定的程序进行调查后的调整提供所必需的便利。

7. 优惠保障措施的期限不得超过四（4）年，并应在确定的期限结束时有明确的逐步取消的迹象。优惠保障措施可再延长不超过四（4）年，但须经调查机关证明。

8. 各缔约国不得在非洲大陆自贸区内对同一产品同时适用全球保障措施和优惠保障措施。

第五条 临时保障措施

1. 在迟延会造成难以修复的损害的危急情况下，有明显证据表明进口增加已经造成或可能造成严重损害，相关缔约国可以据此作出初步裁定，采取临时优惠保障措施。

2. 拟实施此种临时保障措施的缔约国，应当在实施前立即通知秘书处和相关缔约国。

3. 临时保障措施的期限不得超过二百（200）天，在此期间应满足本附件和《非洲大陆自由贸易区准则》的相关要求。此类临时保障措施的期限应视为初始期限和本附件及《非洲大陆自由贸易区准则》中提及的任何延期的一部分。

4. 此类措施应采取提高关税的形式，如果本附件和《非洲大陆自由贸易区准则》中提到的随后调查不能确定增加的进口已经或有可能对国内产业造成严重损害，则应迅速退还关税。

第六条 通知

1. 在反倾销调查中，除非已作出启动调查的决定，否则调查机关应避免根据《反倾销协定》、本附件和《反倾销自由贸易协定准则》对启动调查的申请进行任何宣传。但是，在收到有适当文件证明的申请后，在着手进行调查之前，调查机关应通知相关缔约国。

2. 在补贴和反补贴调查中，如果调查机关确信有足够的证据证明启动调查是正当的，则应通知缔约国。

3. 在全球保障措施调查中，各缔约国应立即将根据《世界贸易组织保障协定》启动全球保障措施调查的情况通知所有缔约国。

4. 在优惠保障措施调查中，缔约国应根据本附件和《非洲大陆自由贸易区准则》，立即通知这种启动优惠保障措施调查的情况。

第七条 磋商

1. 一旦某缔约国的调查机关收到其国内有代表性的产业界或其主动提出的关于补贴和反补贴案件中有适当记录的申请，并且初步证据确凿无误，该缔约国应按照《非洲大陆自由贸易区准则》的规定进行磋商。

2. 在优惠保障措施调查中，各缔约国调查机关应在采取临时保障措施后立即开始磋商。

3. 计划实施或延长保障措施期限的调查机关应提供充分的机会，与具有重大利益的缔约国进行事先协商。

4. 如经协商后达成共同商定的解决办法，应就商定的条件提出书面协议，相关缔约国应通知秘书处。

5. 本条第 4 款提到的书面协议应对相关缔约国具有约束力，并应按照《非洲大陆自由贸易区准则》的规定予以执行。

6. 如果没有达成商定的解决办法，请求磋商的缔约国应着手启动和完成调查，并根据世界贸易组织的相关协定、本附件和《非洲大陆自由贸易区准则》的规定执行适当的措施。

第八条 保密

属于机密性质或由调查缔约国在机密基础上提供的信息，应作为机密资料由调查机关进行处理。未经提交信息的缔约国明确许可，不得予以披露。

第九条 透明度

1. 所有利害关系方都应有机会维护自己的利益。

2. 尽管有本条第 1 款的规定，任何一方均无义务出席会议，不出席会议不应出现损害该方的情况。

3. 利害关系方有权根据正当理由口头提供信息。

4. 本条第 3 款所指的口头信息，只有在随后以书面形式转载并提供给其他利害关系方时，主管机关才应予以考虑。

第十条 技术援助

应缔约国的请求，秘书处应与合作伙伴合作，向缔约国提供技术援助，以增强缔约国根据本附件和《非洲大陆自由贸易区准则》的规定实施贸易补救措施的能力。

第十一条 能力建设与合作

1. 秘书处应与合作伙伴合作，完善培训和能力建设方案，以协助缔约国实施本附件和《非洲大陆自由贸易区准则》规定的贸易补救措施。通过必要的国家立法，建立国家调查机构，以及其他所需的机构，对参与执行本附件和《非洲大陆自由贸易区准则》的官员和其他利益相关方的培训。

2. 鼓励各缔约国在贸易救济领域进行合作，特别是向非洲大陆自贸区所有利益相关方和私人缔约方传递消息。

第十二条 贸易救济专门委员会

1. 货物贸易委员会应根据《货物贸易议定书》第三十一条设立贸易救济专门委员会。

2. 专门委员会应由缔约国官方指定的代表组成，并应履行本附件或货物贸易委员会赋予的职责。

第十三条　《非洲大陆自由贸易区准则》

1. 《非洲大陆自由贸易区准则》一经通过，即构成本附件的组成部分。

2. 在通过《非洲大陆自由贸易区准则》之前，可适用世界贸易组织相关协定、国家立法和区域经济共同体协定中有关贸易救济的规定。

第十四条　争议解决

各缔约国之间因解释或适用本附件及其准则而发生或与之有关的任何争端，应根据《关于争端解决的规则和程序议定书》加以解决，同时还应考虑到贸易救济的特殊性质。

第十五条　审查和修正

本附件应根据《非洲大陆自由贸易区协定》第二十八条和第二十九条进行审查和修正。

《关于争端解决的规则和程序议定书》的附件

附件1 专家组的工作程序

根据《关于争端解决的规则和程序议定书》第十五条第10款

1. 专家组应举行非公开会议。其他任何缔约方只有在专家组邀请其出席会议时才应出席会议。

2. 专家组的审议情况和提交给小组的文件应保密。本议定书的任何规定不得妨碍争端一方向公众披露其立场声明。

3. 争端各方和任何其他一方应将争端另一方提交给争端一方指定为机密的专家组的所有信息视为机密。

4. 如果争端一方或第三方向专家组提交了其书面陈述的机密版本,则应在争端一方的要求下,还应提供其陈述中所载可向公众披露的信息的非机密摘要。

5. 在专家组与争端各方举行第一次实质性会议之前,专家组应要求争端各方提交书面陈述,陈述案件事实和争端各方的论点。

6. 在专家组第一次实质性会议上,申诉方应陈述其案情,随后被申诉方应立即陈述其案情。

7. 应以书面形式邀请向争端解决机构通知其争端利益的第三方,其在为此目的而安排的第一次实质性会议上可以提出意见,并可在整个会议期间出席。

8. 争端各方应在第二次实质性会议之前向专家组提交书面反驳。应在专家组第二次实质性会议上提出正式反驳,被投诉的一方应有权首先听取申诉。

9. 专家组可随时要求争端各方在争端各方出席的会议上作出书面或口头解释。只有在随后以书面形式转载并提供给其他缔约方的情况下，专家组才应考虑口头解释。争端各方和根据《关于争端解决的规则和程序的议定书》第十三条应邀提出意见的任何第三方，应向专家组提供其口头陈述的书面文本。

10. 为了透明公开起见，不得无故拖延地向另一缔约方提供陈述、反驳和声明，包括争端当事方提交的材料。

11. 各方提交的书面材料，包括对报告说明部分的任何评论和对专家组提出问题的答复，应提供给争端一方或第三方。

12. 专家组应根据《关于争端解决的规则和程序议定书》第十五条第 2 款和第十五条第 3 款通过一个时间表，同时考虑到下文提议的时间表：

(a) 收到双方提交的第一份书面材料：

i) 申诉方：3~6 周

ii) 被申诉方：2~3 周

(b) 与缔约方举行第一次实质性会议的日期、时间和地点：

i) 第三方会议：2 周

ii) 收到当事人的书面反驳：2~3 周

(c) 与缔约方举行第二次实质性会议的日期、时间和地点：1~2 周

(d) 向双方发布报告的描述性部分：2~4 周

(e) 收到双方对报告说明部分的评论：2 周

(f) 向双方发布中期报告，包括调查结果和结论：2~4 周

(g) 要求审查报告部分的截止日期：1 周

(h) 专家组审查期，包括可能与各方举行的额外会议：2 周

(i) 向争议各方发布最终报告：2 周

(j) 向缔约方分发最后报告：3 周

附件 2　专家评审组

下列规则和程序适用于根据《关于争端解决的规则和程序议定书》第十六条第 6 款设立的专家评审组：

（a）专家应由专家组授权，其职权范围和详细工作程序由专家组决定，并向专家组报告；

（b）专家的参与应限于在有关领域具有专业地位和经验的人；

（c）未经争端当事方的共同同意，争端当事方的公民不得担任专家，除非在特殊情况下，专家组认为对专门科学、专门知识的需要不能以其他方式得到满足；

（d）争端当事方的政府官员不得担任专家评审组成员。专家评审组成员应以个人身份担任专家，不得担任政府代表，也不得担任任何组织的代表。因此，政府或组织不得就其面前的事项给予指示；

（e）专家可从其认为适当的任何来源咨询和寻求信息、技术咨询。在专家向缔约国管辖范围内的来源寻求信息或咨询意见之前，该专家应通知该缔约国政府。缔约国均应迅速、充分地答复专家提出的向其提供其认为必要和适当的资料的请求；

（f）争端各方应有权获得提供给专家的所有相关信息，除非该信息属于机密性质。未经提供信息的政府、组织或个人的正式授权，不得披露提供给专家的机密信息。如果专家要求提供此类信息，但未授权专家发布此类信息，则提供信息的政府、组织或个人将提供此类信息的非机密摘要；

（g）专家应向争端各方提交一份报告草稿，以征求其意见，并酌情在最后报告中考虑到这些意见。该报告在提交专家组时也应发给争端各方。专家的最后报告仅为咨询性报告。

附件3 仲裁员和专家组成员行为守则

第一条 对进程的承诺

1. 仲裁员和专家组成员应遵守本协议的条款。

2. 仲裁员和专家组成员应独立、公正，避免直接或间接的利益冲突，并应尊重《关于争端解决的规则和程序议定书》规定的程序保密性，以维护争端解决机制的完整性和公正性。

第二条 披露义务

1. 为确保遵守本守则，每名仲裁员和专家组成员应在接受其选择之前披露任何利益的存在，争议相关方可以对知道的关系或事项进行合理预期，并且可能影响或可能对仲裁员或专家组成员的独立性或公正性提出合理怀疑，包括就与争议有关的问题发表个人意见的公开声明，以及与本案有利害关系的任何个人或组织的任何专业关系。

2. 本条第1款所述的披露义务应是一项持续性义务，要求仲裁员或专家组成员披露在程序任何阶段可能产生的任何此类利益、关系或事项。仲裁员或专家组成员应以书面形式向争端解决机构披露此类利益、关系或事项，供双方考虑。

第三条 仲裁员和专家组成员的职责

1. 一经选定，仲裁员或专家组成员应在整个程序过程中公正、勤勉、彻底、高效地履行其职责。

2. 仲裁员或专家组成员只应审议在程序中提出的并且是裁决所必需的问题。他们不应将这一职责委托给任何其他人。

3. 仲裁员或专家组成员不得就有关程序进行单方面接触。

4. 专家应将任何试图干扰程序或任何缔约方委托他们进行的任务的情况通知专家组。

第四条 仲裁员和专家组成员的独立性和公正性

5. 仲裁员或专家组成员行使其职权时，不得接受或寻求任何政府、政府间或非政府组织或任何私人来源的指示。

6. 仲裁员或专家组成员不得对分配给他/她的争议的任何先前阶段进行干预。

7. 仲裁员或专家组成员应当独立和公正，不受自身利益、政治考虑或公众舆论的影响。

8. 仲裁员或专家组成员不得直接或间接承担任何义务，或接受任何可能妨碍其适当履行职责或对其适当履行职责引起合理怀疑的利益。

9. 仲裁员或专家组成员不得利用其在任何专家组中的地位推进任何个人或私人利益。

10. 仲裁员或专家组成员不得允许金融、商业、专业、家庭或社会关系影响其行为、判断或公正性。

第五条 保密

1. 任何现任或前任仲裁员或专家组成员均不得在任何时候披露、使用任何与程序有关的或在程序期间获得的任何机密信息，除非是为了这些程序的目的，并且不得披露或使用任何此类机密信息为他人谋取私利或对他人的利益造成不利。

2. 仲裁员不得在裁决公布之前透露裁决的内容。

3. 专家组成员不得在向缔约国分发专家组报告之前披露报告内容。

4. 任何现任或前任仲裁员或专家组成员不得在任何时候披露专家组、仲裁程序的审议情况或任何专家组成员的观点。

5. 任何现任或前任仲裁员或专家组成员违反或披露任何与程序有关的机密信息，应受到争端解决机构认为适当的制裁。

第三编

《建立非洲经济共同体条约》关于人员自由流动、居留权和设业权的议定书

一　序言

我们，非洲联盟成员国的国家元首和政府首脑；

回顾我们根据1991年6月3日在尼日利亚阿布贾通过并于1994年5月12日生效的《建立非洲经济共同体条约》(《阿布贾条约》)第四十三条第2款缔结一项关于人员自由流动、居留权和设业权议定书的承诺；

注意到《非洲联盟宪章》第三条（a）项旨在促进非洲国家和非洲人民之间实现更大的统一和团结的规定；以及《建立非洲经济共同体条约》旨在促进经济、社会和文化发展以及非洲经济一体化的规定；

重申我们的共同价值观，按照1948年《世界人权宣言》和《非洲人权和人民权利宪章》的规定，促进保护人权和人民权利，保障个人的行动和居留自由；

遵循我们关于建立一个完整、以人为本和政治团结的大陆的共同愿景，以及《2063年非洲联盟议程》愿景2所彰显的长期致力于泛非主义和非洲一体化而在成员国之间实现人员、货物和服务自由流动的承诺；

回顾我们根据《建立非洲经济共同体条约》第四条第2款（i）项所作出的承诺，逐步消除阻碍成员国之间人员、货物、服务和资本自由流动以及各成员国之间的居留权和设业权的障碍；

铭记2006年在冈比亚班珠尔通过的《非洲移民政策框架》战略，该战略鼓励区域经济共同体及其成员国考虑通过和实施适当的协议，以逐步实现人员自由流动，确保在东道国享有居留权、设业权和获得有酬就业的权利；

承认各区域经济共同体和其他政府间组织在逐步实现人员自由流动和确保成员国公民享有居留权和设业权方面所作的贡献和取得的成就；

意识到对人员自由流动框架实施水平不一的区域经济共同体执行人员自由流动政策时所面临的挑战；

考虑到人员、资本、商品和服务的自由流动将促进一体化和泛非主义，增强科学、技术、教育、研究和旅游业，增进非洲内部贸易和投资，增加非洲境内的汇款，促进劳动力流动，创造就业机会，改善非洲人民的生活水平，并促进非洲人力、物力资源的开发利用，以实现自力更生和发展；

意识到务必采取有效措施，以防止出现保护人民的移民自由导致移民对特定东道国的社会平等或和平与安全构成挑战这一情况；

注意到非洲的人员自由流动将有助于非洲联盟国家元首和政府首脑大会第十八届常会批准的大陆自由贸易区的建立；

注意到和平与安全理事会于 2017 年 2 月 23 日在埃塞俄比亚亚的斯亚贝巴举行的第 661 次会议 [PSC / PR /COMM. 1（DCLXI）] 上采纳的决定，在该决定中理事会认识到人员、货物和服务的自由流动所带来的好处远远超过可能被察觉或产生的实际和潜在的安全与挑战；

进一步回顾 2017 年 2 月 23 日在埃塞俄比亚亚的斯亚贝巴举行的和平与安全理事会第 661 次会议上通过的决定 [PSC / PR / COMM. 1（DCLXI）]，在该决定中，和平与安全理事会强调有必要在执行非盟关于人员和货物自由流动的政策时采取分阶段的方法，同时要考虑到各成员国不同的合理安全关切；

重申我们对 2013 年 5 月 23 日在亚的斯亚贝巴举行的第 21 届国家元首和政府首脑大会常会通过的《50 周年庄严宣言》宣扬的共同命运、共同价值观、对非洲认同的肯定、多样性统一以及建立非洲公民身份的信念；

致力于通过一个繁荣和一体化的大陆来促进成员国的经济发展；

铭记大会于 2016 年 7 月在卢旺达基加利通过的决定，该决定欢迎启动非洲护照，敦促成员国通过非洲护照，并与非洲联盟委员会密切合作，根据国际、大陆和公民政策规定以及大陆的设计和规范，以促进在非洲发行护照的进程；

兹达成以下协议：

二　定义

第一条　定义

就本协议而言：

"大会"是指非洲联盟国家元首和政府首脑大会；

"委员会"是指非洲联盟委员会；

"受抚养人"是指根据东道国的法律定义被要求抚养的成员国国民的儿童或其他人；

"执行理事会"是指非盟部长执行理事会；

"人员的自由流动"是指一个成员国国民根据东道国法律自由进入并居留在另一个成员国内，并按照法律和程序离开东道国的权利；

"成员国"是指非洲联盟的成员国；

"区域安排"是指由区域经济共同体制定和执行的关于人员自由流动的协议、措施或机制；

"入境权"是指一成员国国民根据东道国的法律进入另一成员国，并在另一成员国自由移动的权利；

"设业权"是指一成员国国民在另一成员国领土内从事第十七条第2款规定的经济活动的权利；

"居留权"是指一个成员国国民在其原籍成员国以外的另一成员国并根据该东道成员国国内法居留和谋求就业的权利；

"缔约国"是指已经批准或加入本协议并将批准书或加入书交存非

洲联盟委员会主席的非洲联盟任何成员国；

"领土"是指属于成员国或在其管辖下的领土、领空和水域；

"旅行证件"是指符合国际民航组织旅行证件标准的护照，或由东道国认可的，由成员国或由其代表或由委员会发行的，用于识别某人的任何其他旅行证件；

"条约"是指1991年6月3日在尼日利亚阿布贾通过并于1994年5月12日生效的《建立非洲经济共同体条约》；

"联盟"是指根据《非洲联盟宪章》建立的非洲联盟；

"交通工具"指一个人通过陆路被携带或运送到成员国领土的任何方式；

"签证"是指授予成员国国民进入东道国领土的权威许可。

三　协议的目标和原则

第二条　目标

本议定书的目标是通过逐步实施人员的自由流动、居留权和设业权来促进《建立非洲经济共同体条约》的实施。

第三条　原则

1. 成员国的人员自由流动、居留权和设业权应以《非洲联盟宪章》第四条规定的非盟的原则为指导。

2. 除第 1 款中的原则外，本协议的执行还应遵循：

（a）非歧视待遇；

（b）尊重有关保护国家安全、公共秩序、公共卫生、环境以及任何其他对东道国不利的因素的法律和政策；

（c）透明性。

第四条　非歧视待遇

1. 根据《非洲人权和民族权利宪章》第二条的规定，缔约国不得基于其国籍、种族、民族、肤色、性别、语言、宗教、政治或任何其他见解、国籍和社会出身、财富、出生或其他身份，歧视进入、居留或在其领土内设业的另一成员国的国民。

2. 由于互惠或一体化加深，除本条约规定的权利外，缔约国给予另一缔约国或地区的国民以更优惠的待遇不应视为歧视。

3. 根据本条约的规定进入、居留或在一缔约国内设业的另一缔约国的公民，依照东道国相关政策和法律，受东道国法律的保护。

第五条 实施步骤

1. 人员的自由流动、居留权和设业权应通过以下阶段逐步实现：

（a）第一阶段：在此阶段，缔约国应实施入境权，废除签证要求；

（b）第二阶段：在此阶段，缔约国应实施居留权；

（c）第三阶段：在此阶段，缔约国应实施设业权。

2. 本议定书所附的路线图可作为指南，酌情配合上述各阶段的实施。

3. 本议定书的任何规定均不得：

（a）影响国内法律、区域或大陆协议所载明的关于实现人员自由流动、居留权和设业权的更为宽松的规定；

（b）阻止区域经济共同体、次区域经济共同体或成员国在本议定书或大会设定的实施某一阶段的时间之前，加速实施该阶段的人员自由流动、居留权和设业权。

四　人员自由流动

第六条　入境权

1. 根据本议定书，一成员国的国民应有权根据东道国的法律、法规和程序进入、停留、自由移动和离开另一成员国的领土。

2. 成员国应实施入境权，允许成员国国民无须签证即可进入其领土。

3. 进入成员国领土的权利应根据第七条规定享有。

4. 允许另一成员国国民进入其领土的成员国，应允许该国民自入境之日起自由迁移或停留最长九十（90）天，或由成员国、双边或区域安排确定的其他更长的期限。

5. 某一成员国国民如欲在第4款规定的期间之后继续留在东道成员国内，就应按照东道成员国规定的程序寻求办理延期。

第七条　进入成员国

1. 个人应被允许进入某一成员国领域内：如果

（a）他通过指定地点或官方入境口岸进入该成员国；

（b）他持有第一条所规定的经承认有效的旅行证件；并且

（c）他不会因该成员国保护国家安全、公共秩序或公共卫生的法律而被禁止进入该国。

2. 东道国可施加与本议定书不相抵触的其他条件，根据这些条件某一成员国的国民可被拒绝进入东道国领域内。

第八条　出入境指定点或官方点

1. 成员国应指定并与其他成员国共享与其官方出入境点或口岸有关的信息。

2. 成员国应按照国内或地区程序，保持指定官方出入境口岸的开放，以便利人员自由流动，但须遵守互惠和成员国可能采取的保护措施。

第九条　旅行证件

1. 成员国应向其国民签发有效的旅行证件，以便利其自由流动。

2. 成员国应相互承认并交换成员国签发的有效旅行证件之样本。

3. 成员国应在查验和签发旅行证件的过程中进行合作。

第十条　非洲护照

1. 成员国应采纳称为"非洲护照"的旅行证件，并应与委员会密切合作，以推动向其公民签发该护照的进程。

2. 委员会应向成员国提供技术支持，以使它们能够向其公民制作和签发非洲护照。

3. 非洲护照应以国际、大陆和国家的政策规定和标准以及大陆的设计和规格为基础。

第十一条　交通工具的使用

1. 成员国应允许另一成员国的国民在向其主管机关提交下列有效文件后，使用交通工具进入其领土，并可自入境之日起最多九十（90）天自由行驶。

（a）驾驶证；

（b）交通工具所有权或注册证明；

（c）车辆性能证书；

（d）轴载限制证书；

（e）东道国交通工具保险单。

2. 在东道国境内使用交通工具应遵守东道国的法律。

3. 成员国应致力建立一个交通工具登记的大陆数据库，以便利在人员自由流动中使用交通工具。

第十二条　边境社区居民的自由流动

1. 成员国应通过双边或区域协定制定措施，以识别和促进边境社区居民的自由流动，同时不损害东道国的安全或公共卫生。

2. 成员国应努力友好地解决任何可能妨碍边境社区居民自由流动的法律、行政、安全、文化或技术障碍。

第十三条　学生和研究人员的自由流动

1. 成员国应允许持有注册或预注册文件的另一成员国的国民根据所在成员国的政策和法律在其领土内接受教育或从事研究。

2. 东道成员国应根据国家或区域政策，向获准在东道成员国学习的其他成员国国民发放学生许可证或通行证。

3. 成员国国应制订、促进和实施相关方案，以促进成员国之间学生和研究人员的交流。

第十四条　劳动者的自由流动

1. 成员国国民有权根据任何东道成员国的法律和政策，在该国不受歧视地寻找和接受工作。

2. 在另一成员国接受和从事职业的某一成员国国民，可有配偶和受抚养人陪同。

第十五条　许可证和通行证

1. 东道成员国应向寻求在该国居留或工作的其他成员国的国民签发居留许可、工作许可或其他适当的许可或通行证。

2. 许可证和通行证应按照适用于在东道成员国寻求居留或工作的人员的移民程序签发。

3. 第 2 款所指的程序应包括另一成员国国民对拒绝给予他们许可或通行证的决定提出上诉的权利。

五　设业权和居留权

第十六条　居留权

1. 某一成员国国民有权根据东道成员国的法律在该国境内居留。

2. 在另一成员国居留的某一成员国国民可有配偶和受抚养人陪同。

3. 成员国应逐步实施关于其他成员国国民居留的优惠政策和法律。

第十七条　设业权

1. 某一成员国国民应根据东道成员国的法律和政策在其领土内享有设业权。

2. 设业权应包括在东道成员国领域内的下列权利：

（a）从事商业、贸易、专业、职业的权利；

（b）作为自营职业者从事经济活动的权利。

六　一般条款

第十八条　资格互认

1. 成员国应单独或通过双边、多边或区域安排，相互承认对方国民的学历、专业和技术资格，以促进成员国之间的人员流动。

2. 成员国应建立大陆范围的资格框架，以鼓励和促进人员的自由流动。

第十九条　社会保障福利的可移动性

1. 成员国应通过双边、区域或大陆安排，促进在该成员国居留或设业的另一成员国国民的社会保障福利的可移动性。

第二十条　大规模驱逐

1. 禁止将非国民大规模驱逐出境。

2. 大规模驱逐是指针对民族、种族、族裔或宗教团体的驱逐。

第二十一条　驱逐、递解出境和遣送回国

1. 对合法进入东道成员国领土的某一成员国国民，东道成员国只能根据其现行法律作出决定，将该国民驱逐、递解出境或遣返。

2. 东道成员国应将其驱逐该国民或将其从东道国领土遣返的决定知会该国民和该国政府。

3. 与以下各项有关的费用：

（a）驱逐或递解出境应由驱逐或递解出境的成员国承担；

（b）遣返应由被遣返者或原籍国承担。

4. 如果某一人员被拒绝进入某一成员国领土，负责运输的人员应在边境主管当局的要求下将其沿原路送回。在不能实现的情况下，应将其移交给签发该公民旅行证件的成员国或其他任何可以接纳该国民的地方。

第二十二条　对在东道成员国取得的财产的保护

1. 进入并居留在另一成员国境内或在另一成员国境内设业的某一成员国国民，可根据东道成员国的法律、政策和程序在该国境内获得财产。

2. 某一成员国国民在东道成员国合法获得的财产，除依法并向该国民支付公平赔偿后外，不得被东道国国有化、征收、没收或获取。

3. 某一成员国国民在东道成员国合法获得的财产，在遇该国民原籍国与东道成员国之间发生争端时，其合法取得的财产应受东道成员国保护。

4. 除非符合东道成员国的法律和程序，东道成员国不得剥夺被该东道国驱逐、递解出境或遣返的另一成员国国民在该国合法获得的财产。

第二十三条　汇款

1. 成员国应通过双边、区域、大陆或国际协议，推动在其领域内工作、居留或设业的其他成员国国民的收入和储蓄的转移。

第二十四条　特定人群流动的程序

1. 除国际、区域和大陆协议规定的措施外，成员国还可为包括难民、人口贩运受害者和被偷运移民、寻求庇护者和牧民在内的特定弱势群体的流动制定具体程序。

2. 成员国根据本条确立的程序，应与该成员国在有关保护上述第一款每一类人的国际、区域和大陆性文件项下的义务一致。

七　实施

第二十五条　成员国之间的合作

1. 成员国应根据《非洲联盟跨国界合作公约》协调其边境管理系统，以便利人员的自由和有序流动。

2. 成员国应在其领域内的出入境口岸，记录、形成文件并应要求提供所有形式的综合移民数据。

3. 成员国应通过双边或区域安排、交换有关人员自由流动和本议定书实施情况的信息，以相互合作。

第二十六条　协调与统一

1. 成员国应根据《阿布贾条约》第八十八条的规定，并尽量以本议定书所附的实施路线图为指导，协调其所属的区域经济共同体的有关人员自由流动的法律、政策、制度和活动。

2. 成员国应使其本国政策、法律和制度与本议定书保持一致，并尽量以本议定书所附的实施路线图为指导。

第二十七条　成员国的作用

1. 成员国应负责实施本议定书。

2. 成员国应采取必要的立法和行政措施，以实施本议定书并使之生效。

3. 成员国应统一所有法律、政策、协定和移民程序以及其他程序，以确保遵守本议定书。

第二十八条　区域经济共同体的作用

1. 区域经济共同体应是促进、跟踪和评估本议定书实施情况和报告各自区域人员自由流动的进展情况的协调中心。

2. 各区域经济共同体应定期向委员会提交关于本议定书在各自区域内实施进展情况的报告。

3. 各区域经济共同体应将其关于人员自由流动的协议、政策和程序与本议定书保持一致。

第二十九条　委员会的作用

1. 委员会应跟踪和评估成员国执行本议定书的情况，并通过有关的专门技术委员会向执行理事会提交关于本议定书实施情况的定期报告。

2. 委员会应与成员国协调、制定和实施整体规划及协调机制，以评估本议定书的实施状况。

3. 后续行动和协调机制应包括在国家和区域一级收集和分析数据，以便评估人员自由流动的状况。

第三十条　补救措施

1. 成员国应在本国法律中为因该成员国实施本议定书的有关决定而受到影响的某一成员国国民，提供适当的行政和司法补救。

2. 被剥夺本议定书所规定的入境、居留、设业或其他相关权利的某一成员国国民，在用尽东道国所有法律补救措施后，可将此事提交非洲人权和民族权利委员会。

八　最后条款

第三十一条　争议的解决

1. 成员国之间在解释、适用和实施本议定书方面发生的任何争端或分歧，应通过有关国家之间的相互同意予以解决，包括谈判、调解、和解或其他和平手段。

2. 如果争端各方未能解决争端或分歧，争端各方可以：

（a）经双方同意，将争议提交三人组成的仲裁小组；仲裁小组的裁决对双方具有约束力；或

（b）在非洲人权与民族权利法院运行后，将争议提交该法院。

3. 仲裁员小组的任命如下：

（a）争端各方应各自任命一名仲裁员；

（b）委员会主席应任命第三名仲裁员，该仲裁员应担任小组主席。

4. 在上文第 2 款（a）项所指的法院开始运作之前，仲裁员小组的决定具有约束力。

第三十二条　签字、批准和加入

1. 本议定书应向非盟成员国开放以供其签署、批准或加入。

2. 本议定书的批准书或加入书应交存委员会主席，委员会主席应将批准书或加入书的交存日期通知所有成员国。

第三十三条　生效

1. 本议定书应自委员会主席收到第 15 份批准书之日起三十（30）

天生效。

2. 在大会通过本议定书时，任何成员国均可宣布它将在该议定书生效之前临时适用该议定书的规定。

3. 对于在本议定书生效后交存批准书、接受书或加入书的任何成员国，本议定书应自其接受书或加入书交存之日起三十（30）天在该国生效。

第三十四条　保留

1. 缔约国可以在批准或加入本议定书时，就本议定书的任何规定提出书面保留。但保留不得与本议定书的目的和宗旨相抵触。

2. 除非另有规定，否则保留可以随时撤回。

3. 撤回保留必须以书面形式提交委员会主席，委员会主席应将撤回的情况通知其他缔约国。

第三十五条　保管

本议定书应交存非盟委员会主席保管，非盟委员会主席应将经核证的真实议定书副本转交各签署国政府。

第三十六条　签署

本议定书生效后，委员会主席应根据《联合国议定书》第一百零二条向联合国秘书长登记本议定书。

第三十七条　暂停和退出

1. 在严重威胁国家安全、公共秩序和公共卫生的情况下，任何缔约国均可暂时中止执行本议定书的规定。

2. 自本议定书生效之日起三（3）年后的任何时间，缔约国可向保存人发出书面通知以退出。

3. 退出应自保存人收到通知后一（1）年或通知中指定的较晚日期生效。

4. 退出不应影响退出国在退出前的任何义务。

第三十八条　修改和修订

1. 任何缔约国均可提出修正或修订本议定书的提案。此类提案应由大会通过。

2. 修改或修订的提案应提交委员会主席，委员会主席应至少在会议考虑通过该提案的六（6）个月之前将这些提案转交大会。

3. 修正或修订应由大会以协商一致方式通过，若未能协商一致通过，则以三分之二（2/3）多数通过。

4. 修正或修订案应按照本议定书第三十三条规定的程序生效。

第三十九条　真实文本

本议定书以阿拉伯文、英文、法文和葡萄牙文四种文本起草，所有文本均具有同等效力。

由 2018 年 1 月 29 日在埃塞俄比亚亚的斯亚贝巴召开的元首大会第 30 届常会通过。

| 第四编 |

建立非洲大陆自由贸易区的相关决议、报告

一　非盟大会第 10 届特别会议关于启动非洲大陆自由贸易区的基加利宣言

非洲联盟大会

第 10 届特别会议

2018 年 3 月 21 日

基加利，卢旺达

启动非洲大陆自由贸易区的基加利宣言

序　言

我们，非洲联盟（非盟）成员国国家元首和政府首脑或正式授权代表，于 2018 年 3 月 21 日在卢旺达基加利会晤；

回顾 2012 年 1 月 30 日在埃塞俄比亚亚的斯亚贝巴举行的大会第 18 届常会关于非洲一体化的第 392 号决议［Assembly/AU/Dec. 392（XVI-II）］和关于促进非洲内部贸易与大陆自贸区的快速发展的第 394 号决议［Assembly /AU/Dec 394（XVIII）］；

进一步回顾非盟大会第 569 号决议［Assembly /AU/Dec. 569（XXV）］关于在 2015 年 6 月 14 日至 15 日于南非约翰内斯堡举行的第 26 届常会上启动非洲大陆自贸区谈判的决定；

重申我们通过非洲大陆自贸区深化非洲一体化的庄严决心；

注意到并赞赏《非洲大陆自由贸易区协定》所载谈判第一阶段取得的进展；

重申谈判记录所支持非洲大陆自贸区法律文本草案中谈判和商定内容的完整性；

认识到在非洲大陆自贸区的《货物贸易议定书》和《服务贸易议定书》的附件方面仍有一些尚未解决的谈判问题，这些问题对协定的实施是必要的；

认识到通过适当的基础设施和减少或逐步消除关税以及消除对贸易和投资的非关税壁垒，为非盟成员国的货物和服务建立一个范围更广的、安全的市场的必要性和极端重要性；

重申大会第 569 号决议［Assembly／AU/Dec. 569（XVIII）］通过的《非洲大陆自由贸易区谈判指导原则》的重要性及其在非洲大陆自贸区执行阶段的相关性；

决定根据 1991 年《建立非洲经济共同体条约》为大陆一体化进程作出贡献；

意识到非洲大陆自贸区尚未完成的第二阶段发展一体化要素的重要性，特别是关于确保可持续经济增长和融入全球经济所必需的竞争政策、投资和知识产权的要素；

因此现在：

1. 通过和签署非洲大陆自贸区法律文书，启动非洲大陆自贸区；

2. 指示会员国加快非洲大陆自贸区的运作进程；

3. 指示成员国根据通过的非洲大陆自贸区过渡执行工作方案，完成第一阶段悬而未决的问题，包括法律清理；

4. 指导展开第二阶段谈判，包括竞争政策、投资和知识产权；

5. 指示所有谈判，包括尚未完成的工作，均应按照历次首脑会议已核准的原则、程序和体制结构进行；

6. 指示贸易部长制定第二阶段谈判路线图、谈判结论和谈判结果的执行情况；

兹证明，我们国家元首和政府首脑或正式授权的代表签署了本基加利宣言，以阿拉伯语、英语、法语和葡萄牙语写成四份原件，其中每一份都具有同等效力。

于 2018 年 3 月 21 日在卢旺达共和国基加利签订。

阿尔及利亚人民民主共和国

安哥拉共和国

贝宁共和国

博茨瓦纳共和国

布基纳法索

布隆迪共和国

佛得角共和国

喀麦隆共和国

中非共和国

乍得共和国

科摩罗联盟

刚果共和国

科特迪瓦共和国

刚果民主共和国

吉布提共和国

赤道几内亚共和国

埃塞俄比亚联邦民主共和国

厄立特里亚国

阿拉伯埃及共和国

加蓬共和国

冈比亚共和国

几内亚共和国

几内亚比绍共和国

加纳共和国

肯尼亚共和国

莱索托王国

二 非盟大会第 32 届常会关于非洲大陆自由贸易区的决定

关于非洲大陆自由贸易区的决定

非洲联盟大会

2019 年 2 月 10～11 日第 32 届常会

亚的斯亚贝巴，埃塞俄比亚

大会，

1. 赞赏地注意到非洲大陆自贸区领导人尼日尔共和国总统穆罕默杜·伊素福先生阁下的报告以及其中关于建立非洲大陆自贸区所取得进展的建议；

2. 回顾 2017 年 7 月在埃塞俄比亚亚的斯亚贝巴举行的大会第 29 届常会通过的第 647 号决议［Assembly/AU/Dec.647（XXIX）］，核准了服务贸易谈判的方式，以及按照所通过的方式逐步实现 90% 的税号的商品实现零关税的目标，并敦促贸易部长完成关于敏感产品和排除清单的谈判；

3. 赞同非洲联盟贸易部长关于下列问题的建议：

i）成员国在编制非洲大陆自贸区关税减让表时使用的关税自由化模板；以及

ii）根据下列标准指定敏感产品和排除清单：食品安全、国家安全、财政收入、民生和工业化。

4. 同意所确定的敏感产品的数量比例不得超过全部税号商品的 7%，排除贸易自由化的商品的清单的数量不得超过全部税号商品的 3%，并进一步同意这些百分比的应用将受到双重限制和反集中条款的限制，排除商品的价值不得超过来自其他成员国的进口商品总价值的 10%。因此，被排除在自由化之外的产品将不超过全部税号的 3%，不得超过从其他非洲国家进口价值的 10%；

5. 赞同非洲联盟贸易部长的建议，即在敏感产品开始自由化之前给予需要这些灵活性的国家使用 5 年或更短时间的过渡期，从而使适用于敏感产品的关税保持不变，但条件是在所采用的模式所概述的逐步减少期结束时取消关税（发展中国家为 10 年，最不发达国家为 13 年）；

6. 通过《制定服务贸易具体承诺时间表和监管合作框架的指导方针》和《最后确定非洲自由贸易协定谈判的新路线图》，新的最后期限为 2020 年 6 月；

7. 回顾 2018 年 7 月在毛里塔尼亚努瓦克肖特举行的第 31 届常会通过的关于让外部伙伴作为一个整体以同一个声音发声的第 692 号决议［Assembly/AU/Dec. 692（XXXI）］，并决定希望与第三方建立伙伴关系的会员国应向大会通报，保证这些努力不会损害非洲联盟建立一个非洲市场的愿景；

8. 提请委员会与技术伙伴合作，评估建立未来共同市场的要求和挑战，包括其影响，供非洲联盟贸易部长审议；

9. 决定于 2019 年 7 月，即非洲联盟和区域经济共同体年中第一次协调会议前一天，在尼日尔尼亚美举行一次特别首脑会议，以庆祝《非洲大陆自由贸易区协定》签署一周年，启动非洲内部市场的运作阶段，决定非洲大陆自贸区秘书处的位置和架构；

10. 鼓励非洲联盟贸易部长、高级贸易官员、首席谈判代表、技术工作组、非洲大陆工作队和委员会努力完成关于《非洲大陆自由贸易区协定》谈判的未决问题；

11. 欢迎五十二（52）个国家签署《非洲大陆自由贸易区协定》及其议定书，即阿尔及利亚、安哥拉、博茨瓦纳、布基纳法索、布隆迪、佛得角、喀麦隆、中非共和国、乍得、科摩罗、刚果、科特迪瓦、刚果民主共和国、吉布提、埃及、赤道几内亚、埃斯瓦蒂尼、埃塞俄比亚、加蓬、冈比亚、加纳、几内亚、几内亚比绍、肯尼亚、莱索托、利比里亚、利比亚、马达加斯加、马拉维、马里、毛里塔尼亚、毛里求斯、摩洛哥、莫桑比克、纳米比亚、尼日尔、卢旺达、撒哈拉阿拉伯民主共和国、圣多美和普林西比、塞内加尔、塞舌尔、塞拉利昂、索马里、南非、南苏丹、苏丹、坦桑尼亚、多哥、突尼斯、乌干达、赞比亚、津巴布韦，并强烈敦促尚未签署建立《非洲大陆自由贸易区协定》的其他会员国在一周年纪念日之前签署该协定；

12. 还欢迎十五（15）个国家，即乍得、科特迪瓦、刚果、吉布提、埃斯瓦蒂尼、加纳、几内亚、肯尼亚、马里、毛里塔尼亚、纳米比亚、尼日尔、卢旺达、南非、乌干达交存了《非洲大陆自贸区协定》及其议定书的批准书，并同样敦促其他国家尽快于一周年纪念日前予以批准；

13. 请非洲联盟贸易部长：

i）按照商定的方式，分别向 2019 年 7 月举行的大会第 12 届特别会议和 2020 年 2 月举行的大会第 33 届常会提交关税减让时间表和服务贸易具体承诺时间表，以供通过；以及

ii）结束关于五（5）个优先服务部门以外其他七（7）个部门的投资、竞争政策和知识产权、服务贸易议定书的谈判，并将法律文本草案通过司法和法律事务专门技术委员会提交大会 2021 年 1 月通过。

14. 请非洲大陆自贸区领导人尼日尔共和国总统穆罕默杜·伊素福先生阁下向 2019 年 7 月举行的大会第 12 届特别会议提交关于非洲大陆自贸区的进度报告。

三 非盟大会第 32 届常会尼日尔共和国总统穆罕默杜·伊素福阁下关于非洲大陆自由贸易区的报告

非洲大陆自由贸易区谈判现状报告

介绍

1. 各位阁下，你们可能还记得我在 2018 年 7 月努瓦克肖特峰会期间向大会提交的关于非洲大陆自贸区最新进展情况的报告。我今天的报告有三部分。第一部分是自 2018 年 7 月非洲联盟峰会以来在非盟贸易部长监督下所取得的进展。第二部分是影响非洲大陆自贸区实施的新情况，第三部分是结论和总结。

第一部分 2018 年 7 月至 2019 年 1 在非洲联盟贸易部长监督下所取得的进展

2. 在开始报告之前，我谨再次感谢我们的贸易部长、高级贸易官员、首席谈判代表、大陆工作组、技术工作组和穆萨·法基·穆罕默德出色领导下的非洲联盟委员会，你们的杰出工作带领我们走到现在。

3. 各位阁下记得，2018 年 7 月在毛里塔尼亚努瓦克肖特举行的第 31 次领导人非正式会议上，通过了《货物贸易议定书》九份附件和《关于争端解决的规则和程序议定书》三份附件。

4. 此外，各位阁下，2018 年 7 月在毛里塔尼亚努瓦克肖特举行的第 31 届峰会决定，通过交通、通信、金融、旅游和商业服务五个优先服务行业，推动成员国在所有服务领域实现第一阶段自由化。《服务贸易议定书》第二十八条规定会员国可就具体承诺的进度表拟定附件、最惠国豁免、航空运输服务、优先行业名单、监管合作框架。这将构成第一阶段自由化实施过程的一部分。

5. 现让我概述目前为止所取得之成果。

6. 第一个成果是关于敏感产品和排除清单的关税自由化方式。

7. 阁下们还记得，在努瓦克肖特举行的第 31 届常会期间，我们赞同非洲联盟贸易部长们对敏感产品和排除清单进行国家和区域间磋商的建议。我们还请他们就此事提出结论性建议以供大会审议。在此方面，国家、区域和大陆各级层面的协商将为我们就这一问题的决定提供建议。

8. 因此，我们的贸易部长作出以下结论：

a）通过一个关税自由化模版，供各成员国在拟定非洲大陆自贸区关税减让表时使用；

b）根据下列标准制定敏感产品和排除清单协定：粮食安全、国家安全、财政收入、国民生计和工业化；

c）敏感产品的数量比例不得超过全部税号商品的 7%，排除贸易自由化的商品的清单的数量不得超过全部税号商品的 3%，这些百分比的应用将受到双重限制和反集中条款的限制，排除商品的价值不得超过来自其他成员国的进口商品总价值的 10%。因此，被排除在自由化之外的产品将不超过全部税号的 3%，不超过从其他非洲国家进口价值的 10%，这样做是为了确保我们有一个在商业上可行的由成员国供应大量和多样产品的非洲大陆自贸区市场；

d）进一步赞同非洲联盟贸易部长的建议，即在敏感产品自由化之前，需要5年或更少的过渡期用于那些需要这种灵活性的国家。这意味着，在过渡期内成员国对敏感产品仍可保留相关关税（发展中国家为10年，最不发达国家为13年）；

9. 请各位阁下批准我们辛勤工作的部长们所提出的建议。

10. 现在，让我向各位简要介绍制定服务贸易具体承诺时间表和监管框架的指导方针。

11. 我相信各位阁下会同意我的看法，即关税自由化的成果能够使我们按照已通过的方式，进入正在进行和即将结束的关税减让时间表的下一个阶段。我们的贸易部长审议并批准了制定服务贸易具体承诺时间表和监管合作框架的指导方针。这些准则将为成员国提出的关于在优先服务业行业自由化的初步建议铺平道路。

12. 我建议阁下采纳贸易部长建议的这些准则。这将使我们的官员和部长们能够开始就这一问题展开工作，并于2020年1月提交我们审议。

13. 我将在这个舞台展示有关非洲自由贸易协定谈判的出色工作和非洲大陆自贸区谈判确定的新路线图。这已由我们的部长们准备就绪。

14. 2018年3月在基加利举行的特别峰会上，各位阁下们要求委员会协助完成第一阶段的未决问题，也就是所谓的"内置议程"。我们还同意继续支持投资、竞争政策和知识产权的第二阶段谈判，这些谈判将在2015年6月大会通过的非洲大陆自贸区体制框架下进行。这方面的筹备工作已经开始，部长们建议设立三个各自独立的投资、竞争政策和知识产权技术工作组。除此之外，部长们还要求非洲联盟委员会在2019年

4 月之前为这些技术工作组确定职权范围。

15. 各位阁下，你们应该还记得，我们把第二阶段谈判的最后期限定在 2020 年 1 月。鉴于涉及的工作量，在首席谈判代表的建议下部长们要求大会考虑并批准 2020 年 6 月为新的截止日期。我请求各位阁下批准这一建议。

16. 现在，请允许我就其他未决问题向各位阁下作最新情况通报。

17. 在原产地规则方面已做了大量工作，尚余的一些谈判问题将于 2019 年 6 月结束。

18. 各位阁下，你们应该还记得，在有关关税自由化模式的谈判开始时，我们的七个成员国：吉布提、埃塞俄比亚、马达加斯加、马拉维、苏丹、赞比亚和津巴布韦，提出了 85% 的自由化目标而不是其他国家同意的 90%。各位阁下随后责成我与这些国家进行接触，以便在这个问题上找到共同点。我有机会前往吉布提，在那里就这一问题会见了伊斯梅尔·奥马尔·盖莱先生阁下。经过我们的讨论，吉布提已经同意 90% 的目标。在毛里塔尼亚的努瓦克肖特举行的首脑会议上，我未能与来自其他 6 个会员国的同事举行会谈，因为会见的只有马达加斯加的总统拉埃里·乔纳里马曼皮亚尼纳阁下。随后，与剩下的六国首席谈判代表于 2018 年 9 月在赞比亚卢萨卡会晤并提出一个共同方案。在这次会议上，他们就自由化水平在 15 年内达到 90% 达成一致。但是，有两个会员国（马拉维和苏丹）承诺在头 10 年内实现 85% 的自由化，并在"协定"生效后第 15 年实现 90% 的自由化。在本届会议上，我计划与有关国家的国家元首进行接触，以最后确定这一问题，我呼吁他们所有人都参加这次协商。

19. 鉴于一些问题悬而未决，贸易部长们商定了一份新的路线图：以结束第一阶段的未决问题和第二阶段的谈判。本报告附件 2 中的路线图提交给各位阁下审议。

第二部分　影响非洲大陆自由贸易区实施的新情况

20. 我在本部分中将向各位提出的第一个议题是《非洲大陆自由贸易区协定》的批准情况。

21. 阁下们，《非洲大陆自由贸易区协定》第二十三条规定，该协定应在 22 个国家向非洲联盟委员会主席交存批准书后 30 天生效。截至 2018 年 12 月 31 日，已按字母顺序存放批准书的国家有以下九个：乍得、科特迪瓦、埃斯瓦蒂尼王国（斯威士兰）、加纳、几内亚、肯尼亚、尼日尔、卢旺达和乌干达。此外，我们还正式获悉，五个国家的议会已批准《非洲大陆自由贸易区协定》。这些国家按字母顺序排列是：刚果、马里、纳米比亚、塞拉利昂和南非。这五个国家和其他准备这样做的国家的元首将在这次首脑会议期间交存其批准书。

22. 委员会正在密切关注其他会员国的批准进程。至少有 12 个国家在他们各自的国家议会中积极推动批准进程，这是非常令人鼓舞的。在这种情况下，我们有可能在 2019 年 3 月 21 日纪念非洲大陆自贸区成立一周年之前获得第 22 份批准书。

23. 我想告知各位阁下，非洲联盟的法律协议平均需要五年才能批准。让我们在一年内批准《非洲大陆自由贸易区协定》，使其成为例外，并以这种方式向我们的公民和世界其他地区表明我们完全致力于这一进程。这一成就建立在基加利开放签署的第一天取得 44 个签名的杰出记录之上。我们以高起点开始，让我们把这种高绩效的精神继续下去。

24. 因此，我敦促各位充分承诺批准这一历史性协定。我们致力于创建一个非洲市场，这一点将在我们每一个人签署并批准《非洲大陆自由贸易区协定》时实现。

25. 阁下们也知道，我们的六个成员国还没有签署这项协议。其中两个成员国需要非洲联盟委员会提供技术援助，以协助它们为签署这项协定作好准备，目前委员会正在提供这种援助。六个成员国中有一个将在本届大会期间签字。其他三个国家正在进行国内的最后协商，并将尽快签署。非洲联盟委员会强烈建议尚未签署该协定的6个国家在该协定生效之前签署该协定，以便使我们所有国家都成为非洲大陆自贸区的创始缔约国。除了地位问题之外，非洲联盟委员还会告知在《非洲大陆自由贸易区协定》生效之前尚未签署或批准该协定的成员国，除了成为货物走私的目的地外，还可能失去作为投资目的地的地位。

26. 我还想提出与第三方签订自由贸易协定的问题。各位阁下还记得，在努瓦克肖特，我们承诺"作为一个整体，用同一种声音与外部伙伴对话，并敦促成员国在《非洲大陆自由贸易区协定》生效之前，不要参与双边贸易安排"。该决定在"协定"生效后将不再适用，因为《非洲大陆自由贸易区协定》关于大陆优惠的第十八条将处理这一问题。该条规定，"本协定生效后，缔约国在执行本协定时，应在互惠的基础上相互给予不低于给予第三方的优惠"。《货物贸易议定书》第四条以上述内容为基础，并指出："本议定书的任何规定均不得阻止缔约国与第三方达成或维持优惠贸易安排，但前提是这种贸易安排不得妨碍或破坏本协议的目标。并且在这种安排下给予第三方的任何利益或特权应在对等的基础上扩展至其他缔约国。"

27. 各位阁下还记得，《2063年议程》的第二个愿望是："建立一个政治上统一、以泛非主义理想和非洲复兴愿景为基础的统一大陆。"这建立在非洲联盟和《2063年议程》的愿景之上，《2063年议程》阐明了以下内容：一个由本国公民推动的、在全球舞台上充满活力的、一体化的、繁荣与和平的非洲。这些引用语所传达的信息非常明确。即为了在国际体系中强大，非洲必须团结并致力于团结。这种统一是基于大陆一体化，而非洲大陆自贸区是一体化的基础。在这种背景下，如果我们保持团结，用一个声音说话，并巩固我们的一体化，我们建立非洲大陆自贸区的努力就会取得成果。

28. 因此，我呼吁各位再次保证建立一个非洲市场的愿景。在此方面，我们希望与第三方达成协议的成员国有义务通知我们并向我们保证，这些努力不会破坏我们建立一个非洲市场的愿景。我建议将此作为我们在本次首脑会议期间就非洲大陆自贸区所作决定的一部分。

29. 在此阶段，我想就我们走向非洲内部市场提出一些想法。

30. 诸位阁下，非洲大陆自贸区正得到除先前第二阶段协议规定的关于投资、竞争政策和知识产权外的《非洲单一航空运输市场》《建立非洲经济共同体条约有关人员自由流动、居留权和设业权的议定书》的补充。

31. 此外，《阿布贾条约》要求我们在 2019 年之前建立大陆关税联盟。该条约还要求我们在其生效 34 年之后建立非洲经济共同体。这应在 2028 年之前完成，因为《阿布贾条约》已于 1994 年生效。在非洲经济共同体成立的前五年，必须建立非洲共同市场（内部市场）。这应该是在 2023 年。为了使我们所作的决定具有可信性，我们别无选择，只能走向非洲内部市场。在这方面，我建议我们再次承诺在 2023 年之前建立非洲共同市场，并指示我们的贸易部长制定一项战略，在 2019 年 11 月之前实现这一目标，供我们在 2020 年 1 月审议。这项关于非洲内部市场的工作将为 2024 年非洲大陆自贸区协定的审查奠定实质性基础。

32. 尊敬的各位阁下，我们正在采取各种行动，以期最终确定非洲大陆自贸区秘书处的工作内容。非洲联盟委员会已经向成员国发出普通照会，要求它们在 2019 年 3 月 20 日之前提交申请。此后，将向所有申请担任非洲大陆自贸区秘书处东道国的成员国派遣一个评估团。评估团的报告和建议将在2019年7月的峰会上提供给我们。这意味着在首脑协调峰会的前一天，我们将需要召开一次大会特别会议，以根据"协定"第十三条就有关设立非洲大陆自贸区秘书处的建议达成一致。鉴于峰会决定将7月峰会的重点放在区域经济共同体的协调问题上，我呼吁各位领导人在2019年7月峰会召开的前一天，就举行一次不同寻常的峰会以达成特别协议。这也将使非洲联盟的全体成员庆祝《非洲大陆自由贸易区协定》签署一周年成为可能，并正式启动非洲内部市场的运作阶段。

33. 各位阁下将高兴地注意到，非洲大陆自贸区在进入正式运作阶段之前就已经开始有所建树。第一个成果是2018年12月11日至17日，在埃及开罗成功举办的非洲内部贸易博览会。本届展会超过了预想的1000家参展商的目标，实际上吸引了1086家参展商参展。交易博览会期间的商业交易额超过300亿美元，这又超出了250亿美元的目标。在展会期间参展商和买家对展会的组织和成果表示满意。许多人还承诺参加2020年在卢旺达基加利举行的下一届博览会。我谨代表大家祝贺阿拉伯埃及共和国人民和政府、非洲进出口银行和非洲联盟委员会成功举办了这次活动。同样，我谨代表诸位向卢旺达人民和政府成功申办下一届博览会表示祝贺。

34. 鉴于这种强劲的表现，人们一致同意，将提前决定希望主办非洲内部贸易博览会的国家，以便让它们有足够的时间做好充分准备。在这方面，2019年，各国将被邀请竞标申办2022年和2024年的非洲内部贸易博览会。

35. 我呼吁大家全力支持非洲内部贸易博览会，因为这是一个非常重要的投资和贸易平台。当各国的投资和贸易扩大时，这将为我们的青年创造体面的就业机会奠定坚实基础。

36. 这使我想到一个重要的问题：利用贸易创造就业机会。在这方面，非洲联盟委员会与非洲侨民的一名成员合作建立了一个大陆电子商务平台。通过这个大陆平台，我们的目标是在4年内（2019~2023年），我们的青年将创建60万家中小企业。假设每个中小企业创造5个就业岗位，这意味着仅这个平台就可以创造300万个就业岗位。这将补充其他方面的努力，如托尼·埃鲁梅鲁基金会，该基金会每年培训1000名年轻的非洲企业家。此外，非洲制造商正在致力于建立一个大陆协会，使他们能够发展区域价值和供应链，并通过他们的合资企业使其生产达到非洲大陆自贸区的规模。当我们的制造商开始生产并达到这个市场的规模时，他们也将有助于增加投资和创造更多的就业机会。为了降低市场风险，确保贸易商有足够的时间全额付款，非洲进出口银行正在协助非洲联盟建立一个数字支付结算平台，该平台将于2019年开始运营。

37. 在这个阶段，我想提醒阁下们，我们上一次在毛里塔尼亚努瓦克肖特举行的会议期间，我承诺在尼日尔尼亚美举办2019年7月的首脑会议，并授权委员会在首脑会议之前组织一次民间社会论坛和一次私营行业论坛，以加强利益攸关方参与执行非洲大陆自贸区。我邀请大家参加这次首脑会议。

第三部分 结论和总结建议

38. 尊敬的阁下，非洲大陆自贸区这个"宝宝"已经11个月大了，它正健康成长。我们需要确保它继续成长。我们在这方面作出的决定是非常重要的。我和贸易部长们已经提出了雄心勃勃的建议，以确保非洲大陆自贸区这个"婴儿"的成长。实现这一目标后，我们的声音和影响力也将增强。这样，我们将更好地建立与世界其他地区谈判互利伙伴关系。我们现在应该努力完成谈判，并进入执行阶段，以维持非洲大陆自贸区这个"宝宝"的增长势头。

39. 在结束讲话之前，我建议各位阁下赞扬我们的贸易部长、高级贸易官员、首席谈判代表、技术工作组、大陆工作组、我们的战略伙伴和非洲联盟委员会的辛勤工作。

40. 阁下们，在我结束我的报告时，我表明我的信念，即在实现建立一个非洲市场的愿景过程中，我们现在已经到了一个关键时刻。我们即将进入这一旅程的运作阶段。这将是一个挑战。然而，根据迄今建立的记录，我认为我们已经准备好迎接任何挑战，无论它多么复杂。常言道："有志者，事竟成。"我们继续这一旅程的意志是坚定和不可动摇的。

41. 现在让我总结一下我的建议：

42. 尊敬的阁下们，贸易部长向我们提出了以下建议，供我们采纳：

（i）成员国在拟定非洲大陆自贸区关税减让表时将使用的关税自由化模板；

（ii）根据下列标准指定敏感产品和排除清单：粮食安全、国家安全、财政收入、国民生计和工业化；

（iii）敏感产品的数量比例不得超过全部税号商品的7%，排除贸易自由化的商品的清单的数量不得超过全部税号商品的3%；

（iv）被排除的产品不超过从其他缔约国进口总值的10%时，这些百分比的适用应受到双重限制和反集中条款的约束。换句话说，被排除在自由化之外的产品将只占全部税号商品的3%，不超过从其他非洲国家进口总价值的10%；

（v）在敏感产品自由化之前，需要5年或更少的过渡期用于那些需要这种灵活性的国家。这意味着，在过渡期内成员国对敏感产品仍可保留相关关税（发展中国家为10年，最不发达国家为13年）。

（vi）制定服务贸易具体承诺时间表和监管合作框架的准则；和

（vii）最后敲定非洲大陆自贸区谈判的新路线图，新的最后期限为 2020 年 6 月。

43. 此外，我们应该决定，希望与第三方建立伙伴关系的会员国应该书面通知我们，并向我们保证，这些努力不会破坏我们建立一个非洲市场的愿景。

44. 此外，本届大会应非洲联盟贸易部长的要求，制定一项到 2023 年实现非洲共同市场的战略，并在 2019 年 11 月前完成这项工作，供我们在 2020 年 1 月审议。

45. 我们还应该决定在 2019 年 7 月，也就是协调峰会的前一天，举行一次不同寻常的峰会。在非洲大陆自贸区秘书处的主持下，我们联盟的全体成员有可能决定庆祝《非洲大陆自由贸易区协定》签署一周年；正式启动非洲大陆自贸区市场运营阶段。

46. 我们还应祝贺阿拉伯埃及共和国人民和政府、非洲进出口银行和非洲联盟委员会成功地主办了第一届非洲内部贸易博览会。同样，我们应该祝贺卢旺达人民和政府成功申办将于 2020 年举办的下一届非洲内部贸易博览会。

47. 我请各位阁下审议我报告的内容。

非盟大会第 32 届常会　附件 1

非洲大陆自由贸易区谈判：完成第一阶段未决工作和结束第二阶段工作的路线图

1. 介绍

2018 年 9 月 12 日到 15 日，在赞比亚卢萨卡举行的非洲大陆自贸区第十二次谈判论坛上，首席谈判代表指出，时间已经所剩无几，他们最近在塞内加尔达喀尔举行会议时认识到了非洲联盟贸易部长会议的决定，并注意到了议会在毛里塔尼亚努瓦克肖特作出的决定。他们讨论了要做的杰出工作。

关于第一阶段的问题，会议注意到下列未完成的工作：

a）结束关于关税自由化方式的未决问题，为制定关税减让表铺平道路；

b）原产地规则技术工作组关于原产地规则附件 2 附录的截止日期为 2018 年 12 月；

c）由谈判论坛审议已合法制定的贸易救济指南；

d）根据附件 5 关于非关税壁垒的规定，制定非洲大陆自贸区非关税壁垒报告、监测和消除机制；

e）为新兴工业制定准则；

f）制定特别经济安排/区域条例；

他们还确定了在服务贸易领域应处理的下列未决问题：

a）拟定就具体承诺时间表进行谈判的准则；

b）拟定具体承诺的时间表；

c) 制定所有服务行业的监管框架;

d) 进行监管评估;

e) 为私营机构举办一个指导会议;和

f) 在服务领域向成员国提供技术援助。

鉴于上述未完成的工作,谈判论坛注意到,在 2019 年 1 月的最后期限之前,可能无法最终确定关税减让时间表和具体承诺时间表。他们要求非盟委员会提出一份路线图,以最后确定货物贸易和服务贸易方面未完成的工作,并在其下次会议上予以审议。谈判论坛还同意到在下一次会议开始时审议原产地规则技术工作组最新会议有关原产地规则的三份报告,并继续为技术工作组的工作提供必要的指导。以下路线图是根据上述工作提出的。

2. 完成非洲大陆自贸区协定第一阶段未完成的工作路线图

领域	悬而未决的问题	活动	负责	时间表
1 – 贸易救济措施	在非洲大陆自贸区范围内实施贸易救济的指南	审议在非洲大陆自贸区内实施法律补救措施的贸易救济准则，并与有关贸易救济附件相互参照	贸易救济专门技术工作组	2019年3月
2 – 新生工业（货物贸易议定书第24条）	为新兴产业制定指导方针	考虑对新兴工业的指导方针	部长理事会	2019年3月
		考虑原产地规则工作组关于第6–10报告	非洲大陆自贸区谈判论坛	2018年11~12月
3 – 原产地规则	关于混合规则的附录4	起草关于原产地规则附件2附录Ⅳ的混合规则	原产地规则技术工作组	2018年12月~2019年3月
		审查非洲大陆自贸区原产地规则	原产地规则技术工作组	2018年12月~2019年3月
		审查附件中的未解决问题： • 附加价值； • 船舶及加工船 • 附件2的补充规定；和 • 附加定义 • 特别经济安排/区域	原产地规则技术工作组	2018年12月~2019年5月
		起草关于原产地规则的附件2中的补充定义	原产地规则技术工作组	2018年12月~2019年3月
		特别经济安排/特区货物生产规则的草拟工作	原产地规则技术工作组	2018年12月~2019年3月
		起草附件2原产地规则中关于价值容忍、吸收原则和会计分离/一般公认会计原则的补充规定	原产地规则技术工作组	2018年12月~2019年3月

续表

领域	悬而未决的问题	活动	负责	时间表
3 - 原产地规则	关于混合规则的附录 4	起草非洲大陆自贸区的原产地规则手册/指南	原产地规则技术工作组	2019年2~5月
	通过关于原产地规则的所有悬而未决问题	审议非洲大陆自贸区谈判论坛关于原产地规则的所有未决问题,并最后确定关于原产地规则的附件 2 的附录 4	非洲大陆自贸区谈判论坛	2019年5月
	关于关税自由化方式未决问题的结论	敏感产品和排除清单的指定百分比	非洲大陆自贸区谈判论坛	2018年11月/12月
		制定关税减让时间表的模板	非洲大陆自贸区谈判论坛	2018年11月/12月
		提交国家或关税同盟(或税则册)领土税则表	成员国	2019年2月/3月
	能力建设和技术援助	提交能力建设和技术援助的请求	成员国	2018年11月/12月
		技术援助迁移到 HS2017	非盟委员会	2019年2月/3月
4 - 关税自由化		组织一两次研讨会,帮助成员国迁移到 HS 2017	非盟委员会	2019年2月/3月
		向非盟委员会提交国家关税水平的官方贸易数据	成员国	2019年3月/4月
		按照商定的方式,模拟评估关税自由化的影响	非盟委员会和合作伙伴	2019年4~6月
		建立密码保护的网站,供成员国相互交流,并上传以下信息: a) 按关税分列的贸易数据 b) 最初的提议	非盟委员会	2019年4~6月

续表

领域	悬而未决的问题	活动	负责	时间表
4 - 关税自由化	关税减让表的附件1	根据排列情况组织初次会议，以了解请求和提议（如东共体和西共体或南部非洲关税同盟）	非盟委员会	2019年4~7月
		审核和评估提议	成员国	2019年9月
		合并和转换提议以进行质量检查，并提供初始提议的事实摘要	非盟委员会	2019年11月
		批准关税减让表	成员国	2019年12月
5 - 非关税壁垒	法律方面的定稿	进行一项研究，以制定非洲大陆自贸区机制建议，以识别、解决、报告、监管和消除非关税壁垒	非盟委员会	2019年1~3月
	建立确定、报告、解决、监管和消除非关税壁垒的机制	审议关于确定、报告、解决、监管和消除非关税壁垒机制的建议	成员国	2019年4月
	具体承诺的时间表	通过关于谈判具体承诺时间表的准则	非洲大陆自贸区谈判论坛	2018年11~12月
		提交能力建设和技术援助请求	成员国	2019年1~2月
6 - 服务自由化		对成员国的请求和建议进行培训；与监管机构和非洲国家进行为国家层面的磋商，以制定初始提议和要求，并获得部长和议会的批准以提交初始提议	非盟委员会，区域经济共同体和合作伙伴	2019年1~6月
			成员国	
	服务贸易信号会议	组织服务贸易私营行业指导会议	非盟委员会	2019年3月

续表

领域	悬而未决的问题	活动	负责	时间表
6－服务自由化		向成员国提供关于区域经济共同体具体承诺时间表的资料	非盟委员会和区域经济共同体	2019年4月
		提交初始提议和要求	成员国	2019年5～6月
		合并优质提议	非盟委员会	2019年7月
		核对并提供初步提议和要求的事实总结		
		将最初的提议和要求翻译成非盟语言并分发给成员国/缔约国	非盟委员会	2019年8～9月
		在专门的会议上就要求和提议进行谈判	成员国和区域经济共同体	2019年10～12月
		就修订提议进行国家和区域协商	成员国和区域经济共同体	2020年1月
		提交修订后的提议	成员国	2020年2～3月
		翻译和分发修订后的提议	非盟委员会	2020年4月
		修订提议和改进要求的谈判	成员国	2020年5～6月
		国家和区域协商，以拟定最后提议	成员国	2020年7～8月
		提交最终提议	成员国	2020年9月
		翻译和分发最后提议给成员国	非盟委员会	2020年10～11月
		最终提议的谈判	成员国/区共体	2020年12月～2021年2月

续表

领域	悬而未决的问题	活动	负责	时间表
		提议的技术确认	成员国/世界贸易组织成员国/区域经济共同体/联合国贸发会	2021年3~5月
		法律清理	非盟委员会/成员国/区域共同体/经济共同体/法律顾问办公室	2021年6~9月
	通过具体承诺的时间表	通过具体承诺的时间表	大会	2022年1月
7-制定监管合作框架	制定所有服务行业的监管合作框架	进行行业监管评估/情况分析	非盟委员会,成员国	2019年1~6月
		与监管机构和私营行业进行全国性磋商	成员国	2019年7~9月
		确定、提交、翻译和讨论与贸易有关的监管措施（两次会议）	成员国	2019年10~12月
		行业工作小组（与私营机构）进行详细技术讨论（1年）	非盟委员会,成员国	2020年1~12月
		在服务贸易全体会议上对监管框架进行技术审批（1~2次会议）	非盟委员会,成员国	2021年1~3月
		谈判论坛/非洲联盟贸易部长会议通过监管框架（1~2次会议）	成员国	2021年4~6月
第二阶段谈判	缔结关于投资、知识产权和竞争政策的法律文书	拟订关于投资、知识产权和竞争政策的议定书草案	非洲大陆自贸区大陆工作组	2018年12月~2019年1月

续表

领域	悬而未决的问题	活动	负责	时间表
第二阶段谈判	缔结关于投资、知识产权和竞争政策的法律文书	组织关于第二阶段问题的讲习班,并介绍关于投资、知识产权和竞争政策的议定书草案案文	非盟委员会	2019 年 2 月
		就投资、知识产权和竞争政策进行谈判	非洲大陆自贸区谈判机构	2019 年 3～9 月
	通过有关投资、知识产权和竞争政策的法律文书	审议关于投资、知识产权和竞争政策的法律文书	非洲联盟贸易部长会议	2019 年 10 月
		对有关投资、知识产权和竞争政策的法律文书进行法律审查	司法及法律事务委员会	2019 年 12 月
		通过有关投资、知识产权和竞争政策的法律文书	大会	2020 年 6 月

非盟大会第 32 届常会　附件 2

根据非洲大陆自贸区《服务贸易议定书》进行服务贸易谈判的准则草案

一　内容和背景

1. 非洲大陆自贸区《服务贸易议定书》（以下简称《议定书》）作为附件的一部分，为服务行业制定具体承诺时间表和监管合作框架的谈判提供了坚实的基础。

2. 为此，本指南应概述制定和谈判具体承诺时间表以及监管框架的程序和方法。

3. 成员国认识到，市场准入和国民待遇承诺本身可能不允许非洲联盟服务供应商在非洲联盟其他市场有效运作。

4. 成员国一致同意，监管合作框架将推动旨在促进非洲内部贸易的共同监管原则。

5. 它应在区域经济共同体贸易自由化和一体化取得进展的基础上进一步发展和改进。

6. 谈判将酌情考虑对所有非盟成员国具有约束力的行业政策和监管框架倡议。

7. 在不损害《议定书》产生的任何权利和义务的前提下，各成员国可在其领土内对服务和服务供应商制定和实施新的法规，以实现国家政策目标。

二　目的

8. 这些谈判准则的目的是为《议定书》规定的具体承诺，监管合作框架和行业原则的谈判制定程序和方法。

三 谈判原则

9. 谈判应在《非洲大陆自由贸易区协定》的原则范围内进行。

四 范围

10. 不应事先排除任何服务行业或供应方式。

第一轮谈判将涵盖五个服务行业，即商业服务、通信服务、金融服务、旅游及与旅游有关的服务，以及运输服务。随后的谈判将涉及所有其他服务行业。

11. 根据已商定模式所规定的可变几何原则和互惠原则，那些希望开放比上述五个优先行业更多行业的成员国可以自由开放。

五 方法和程序

（a）具体承诺时间表

12. 具体承诺的谈判方式为要价–报价方式。

13. 成员国应交换要价–报价，根据这些要价–报价，成员国将拟定具体承诺时间表。

i）报价

14. 每一成员国应向所有其他成员国提出初步报价，然后其他成员国可针对改进承诺的行业范围和（或）所提供的自由化承诺的水平作出要价。

15. 成员国可以根据要价作出报价，也可以主动提出报价。

16. 报价是有条件的，可以在本轮谈判结束前的任何时间修改、延长、减少或撤回全部或部分报价。

ii）要价

17. 成员国可提出下列要价：

a）对另一个成员国，

b）对一部分成员国，或

c）对所有其他成员国。

18. 要价可寻求：

a）取消或减少成员国已作出承诺的对各行业及子行业的限制；

b）新行业或子行业的承诺；

c）成员国自主开放的行业或子行业的时间安排。

（b）程序透明度

19. 谈判应对所有成员国透明和公开。

20. 成员国如展开双边谈判，应通过非洲大陆自由贸易区秘书处将谈判成果通知所有其他成员国。

（c）谈判结束前的路线图

21. 请求和提议应该按照这些指导方针制定的路线图规定的时间范围来提出和协商。

六 具体承诺时间表

（a）正面清单的方法

22. 承诺时间表应该采用正面清单法，成员国应尽可能不提出保留或限制。

（b）起点

23. 作为世界贸易组织成员的成员国，服务贸易谈判的起点将是 GATS+，并以互惠为基础。

24. 对于那些非世界贸易组织成员的成员国，服务贸易谈判的起点将是在互惠基础上国家层面的自主施行自由化。

25. 每个成员国均应在互惠的基础上承诺优先的行业、子行业和次行业的最低门槛。这一门槛应反映下列情况：

i）在互惠互利的基础上，行业/子行业的实质性自由化；和

ii）有效消除服务贸易壁垒。

（c）互惠

26. 谈判应在互惠的基础上进行。

（d）横向承诺

27. 除另有规定外，横向承诺适用于已作出承诺的服务贸易的所有服务行业。这是一种构成对市场准入或国民待遇的限制或没有这种限制情况的措施。

28. 为了表明在某一行业不施加任何限制，一个成员国必须在横向行业或有关横向行业中表明，水平约束不适用于相关行业。

29. 成员国应就不同类别的服务提供者的定义进行谈判。

（e）行业具体承诺

30. 如果一成员国在某一特定行业作出承诺，它应就其在该行业所遵循的每一种供应方式表明其所承担的义务：

a）它在市场准入方面有什么限制（如有）；

b）它对国民待遇有什么限制（如有）；和

c）它可决定就影响服务贸易的措施，作出哪些附加承诺（如有），而这些措施不受《议定书》第十九条和第二十条所列时间表的约束。

31. 根据《议定书》第十九条（市场准入），全面市场准入的限制（如有）应包括：

a）以数量配额、垄断、独家服务供应商或经济需求检验要求等形式限制服务供应商的数量；

b）以数量配额或经济需求检验的形式限制服务交易或资产总值；

c）以配额或经济需求检验要求的形式，以指定数量单位表示的服务业务总数或服务输出总量的限制；

d）对可受雇于某一特定服务行业的自然人总数或服务提供者可能雇用的自然人总数的限制，以及对该服务的必要和直接相关的自然人总数的限制以数字配额或经济需求检验要求的形式提供特定服务；

e）限制或要求任何其他成员国的服务提供者通过特定类型的法律

实体或合资企业提供服务措施；和

f）外资参股的最高比例限制或个人或外国投资总额的限制。

32. 如果成员国选择安排数字上限或经济需求检验，则条目应简要说明每项措施，指出与第十九条不一致的因素。数字上限应以规定数量以绝对数字或百分比表示。与经济需求检验有关的条目应指明检验所依据的主要标准，例如，如果建立设施的机关是基于人口标准，则应简明地描述该标准。

33. 根据第二十条（国民待遇）的规定，每个成员国应说明其承诺的行业是否给予国民待遇。

34. 如果一个成员国在某一行业和供应方式中给予充分的国民待遇，则该成员国承诺向外国服务和服务供应商提供的竞争条件不低于给予本国同类服务和服务供应商的竞争条件。

35. 国民待遇标准不要求对国内外供应商给予正式的相同待遇。

36. 如果影响服务贸易的措施改变了竞争条件而有利于该成员国的服务和服务提供者，其他任何成员国的同类服务或服务提供者，则应将该措施安排为对国民待遇的限制。

（f）格式和模板

37. 非洲大陆自贸区时间表将采用与《服务贸易总协定》时间表类似的格式（横向承诺和行业具体承诺）。以下使用的格式将包括一个表格，其中主要列明如下类型的资料：

a）对承诺的行业或子行业进行清晰描述，包括对《联合国核心产品分类》的引用；

b）市场准入限制（《议定书》第十九条）；

c）国民待遇的限制（《议定书》第二十条）；和

d）市场准入和国民待遇以外的其他承诺。

38. 一成员国在其《服务贸易总协定》安排中对某一行业已就不受

《服务贸易总协定》第十六条和第十七条规定限制的服务贸易措施作出额外承诺，应将这些条款留在非洲大陆自贸区安排中供参考。这些承诺可以包括但不限于关于资格、技术标准、许可证要求或程序以及其他国内规章的承诺。

表 1　具体承诺表的模板

行业或子行业[1]	市场准入限制	国民待遇的限制	额外承诺[2]
I. 横向承诺			
本附表包括所有行业	(1)	(1)	
	(2)	(2)	
	(3)	(3)	
	(4)	(4)	
II. 特定行业承诺			
1. 行业			
行业 A （联合国核心产品分类 999）	(1)	(1)	
	(2)	(2)	
	(3)	(3)	
	(4)	(4)	

注：1. 按照 GNS. MTN/W/120 号文件列出。
　　2. 留"额外承诺"一栏，以便成员国指出它们已作出哪些额外承诺。

注意：

提供方式：1. 跨境提供；2. 境外消费；3. 商业存在；4. 自然人存在

39. 谈判涉及的服务业将是《服务贸易总协定》服务行业分类表（W/120）[1]列出的那些行业，以及最新版本的《联合国核心产品分类》（CPC）[2]中详细列出的那些行业。

40. 据了解，市场准入、国民待遇和额外承诺只适用于列入承诺表的行

---

[1] 服务行业分类清单，WTO 秘书处说明，MTN. GNS/W/120。
[2] 见 http://unstats.un.org/unsd/cr/registry/regcst.asp? cl = 9&lg = 1。

业或子行业。它们并不意味着承诺服务的供应商有权提供未承诺的服务。

41.《议定书》第一条（P）款（定义）界定了附表所列四种供应方式的范围。如果一项服务交易实际需要使用一种以上的供应方式，只有在每种相关供应模式都有承诺的情况下，交易才能得到保证。

七 监管合作框架

（a）目标

42. 监管框架的总目标是补充和促进服务行业的市场准入和国民待遇承诺的执行，这些承诺将由成员国谈判商定，以期促进非洲内部的服务贸易。这能提高非洲服务和服务供应商的可预测性。

43. 成员国认识到，此类监管合作框架应指导国家法律、法规和政策的实施，同时尊重成员国在其领土内引入有关服务和服务提供商的新法规的权利，只要这些法规不损害任何权利以及本《议定书》规定的义务。

（b）范围

44. 成员国同意，这种监管合作框架的范围应是《议定书》第二条所规定的影响服务贸易的措施。

45. 成员国应在必要时通过为每个行业制定监管框架来谈判具体行业的义务，同时考虑到最佳做法和区域经济共同体以及谈判达成的关于监管合作行业的协议。从五个优先服务行业开始，为每个行业制定监管框架。作为一个整体，或针对特定的子行业或分组，视情况而定。

（c）制定监管合作框架的基础

46. 监管框架谈判的起点，应是对区域经济共同体制定的议定书和条例进行评估，并辅之以非盟系统内具有约束力的条例和议定书。

八 谈判的进行

47. 要价和报价应按照正式的沟通渠道直接送交秘书处。秘书处收到后，应将要价和报价转交所有成员国，供其审议和采取行动。

48. 要价和报价是谈判的基础。

49. 将谈判会议按先后次序安排，而不是同时进行，以考虑代表团人数较少成员国的能力需要。

（a）服务贸易委员会

50. 成员国应就服务贸易委员会的具体承诺时间表和监管合作框架进行谈判。

51. 在部长理事会设立服务贸易委员会之前，临时成员国应根据成员国商定的过渡执行工作方案，就承诺时间表和监管合作框架进行谈判。

（b）区域经济共同体层面的谈判

52. 在适当情况下，如服务贸易委员会有需要和认为有必要时，可在区域委员会主持下召开的次区域会议上交换请求和提议，参与谈判的成员国全体会议可审议根据请求提出的提议，并告知时间安排结果。

（c）谈判结束

53. 服务贸易委员会应协调核查成员国具体承诺的最终时间表，并建议非洲联盟贸易部长理事会予以通过。

54. 该时间表一旦由贸易部长理事会通过，将成为议定书的组成部分，并构成《议定书》生效的权利和义务。

（d）履行承诺

55. 成员国应采取措施履行《议定书》下的承诺，并通知秘书处。

九　非洲大陆自贸区秘书处的作用

56. 非盟委员会是非洲大陆自贸区谈判论坛的协调机构和所有谈判文件保存的保存中心，负责编写技术文件、起草工作文件以及相关文件的分发。

十　利益相关者协商

57. 谈判路线图应使成员国有足够的时间进行国内磋商。

关于非洲大陆自由贸易区的决定草案

大会，

1. 热切关注非洲大陆自贸区领导人、尼日尔共和国总统伊素福阁下的报告及其关于建立非洲大陆自贸区所取得进展的建议；

2. 回顾 2017 年 7 月于亚的斯亚贝巴会议通过的非盟大会第 647 号决议（Assembly/AU/Dec.647），该决议确定了服务贸易谈判的形式以及关税谈判形式，以期达到与现用模式 90% 的契合度，并敦促贸易部长完成关于敏感产品和排除清单的谈判。

3. 赞同非洲联盟贸易部长关于以下问题的建议：

a. 成员国在编制《非洲大陆自由贸易区关税减让表》时使用关税自由化模板；以及

b. 基于下列标准选定敏感产品和排除清单：粮食安全、国家安全、财政收入、国民生计和工业化。

4. 敏感产品的数量比例不得超过全部税号商品的 7%，排除贸易自由化的商品的清单的数量不得超过全部税号商品的 3%。进一步同意，这些比例的应用应遵守双重资格和反集中条款原则限制，排除产品不得超过从其他缔约国进口价值的 10%。换言之，被排除在自由化之外的产品，将只占从其他非洲国家进口产品价值的不超过 10% 和全部税号商品的 3%。

5. 赞同非洲联盟贸易部长的建议，对敏感产品适用最长不超过 5 年的过渡期。这意味着，在这一期间，只要敏感产品在所采用的方式规定的逐步淘汰期结束前被取消，就可以维持适用于这些产品的关税。各位阁下可能还记得，敏感产品将在 10 年内对发展中国家开放，对最不发达国家开放 13 年。

6. 通过制定服务贸易具体承诺时间表和监管合作框架的指导方针，以及将确定非洲自由贸易协定谈判的新路线图的最后期限定在 2020 年 6 月。

7. 进一步回顾，于 2018 年 7 月在努瓦克肖特通过的非盟大会第 3 号决议草案（Assembly/AU/Draft/Dec. 3（31）），其中要求外部伙伴作为整体以同一个声音发声，并决定成员国希望与第三方开展合作应该通知大会并保证这些尝试不会有损非洲联盟创建完整非洲市场的愿景。

8. 提请非洲联盟贸易部长制订 2023 年实现非洲共同市场目标制定战略的计划，并于 2019 年 11 月前完成这项工作，供大会于 2020 年 1 月审议。

9. 进一步决定于 2019 年 7 月，即协调首脑会议前一天，在尼日尔尼亚美举行特别首脑会议，以使非洲联盟正式成员国能够决定主办非洲自由贸易联盟秘书处，庆祝《非洲大陆自由贸易区协定》签署一周年，正式启动非洲大陆自贸区市场运作阶段。

10. 赞扬非洲联盟贸易部长、高级贸易官员、首席谈判代表、技术工作组、大陆工作组和非洲联盟委员会努力解决关于非洲大陆自贸区谈判的重大问题。

11. 欢迎我们 49 个成员国签署《非洲大陆自由贸易区协定》及其议定书，并强烈敦促所有尚未签署《非洲大陆自由贸易区协定》的其他成员国在一周年纪念前签署该协定。

12. 还欢迎……交存《非洲大陆自由贸易区协定》及其议定书的批准书，并同样敦促其他国家在一周年纪念之前尽快批准。

13. 请非洲联盟负责贸易的部长们：

ⅰ）按照商定的方式，分别向 2019 年 7 月和 2020 年 1 月的会议提交关税减让表和服务贸易具体承诺表以供采纳；以及

ⅱ）完成关于投资、竞争政策和知识产权的谈判，并通过司法和法律事务专门技术委员会将法律草案提交 2021 年 1 月会议通过。

14. 祝贺阿拉伯埃及共和国人民和政府、非洲进出口银行和非洲联盟委员会成功主办首届非洲内部贸易博览会。

15. 进一步祝贺卢旺达人民和政府赢得申办 2020 年的非洲内部贸易博览会，并呼吁所有成员国支持卢旺达政府、非洲进出口银行和非洲联盟委员会，以确保此届会议取得圆满成功。

16. 请非洲大陆自贸区领导人、尼日尔共和国总统伊素福先生阁下向 2019 年 7 月峰会提交非洲大陆自贸区进展报告。

四　非洲联盟大会 2019 年 7 月 7 日第 12 届特别会议

《关于启动非洲大陆自由贸易区运行阶段的决定》

大会,

1. 非常感谢非洲大陆自贸区领导人、尼日尔共和国总统伊素福先生的报告。注意到其关于建立非洲大陆自贸区所取得进展的建议已获通过;

2. 感谢所有会员国所扮演的角色,非洲联盟贸易部长和其他非洲自由贸易协定谈判机构、委员会、区域经济共同体以及非盟合作伙伴在批准《非洲大陆自由贸易区协定》方面取得重大进展中所起到的作用。在开放《非洲大陆自由贸易区协定》签署后的十三(13)个月内,于2019年4月29日,前所未有地达到了最低数量批准书的记录;

3. 欢迎《非洲大陆自由贸易区协定》于 2019 年 5 月 30 日生效;

4. 祝贺向委员会主席交存《非洲大陆自由贸易区协定》批准书的二十七(27)个缔约国,即:布基纳法索,乍得,科特迪瓦,刚果,吉布提,埃及,埃斯瓦蒂尼(斯威士兰),埃塞俄比亚,赤道几内亚,加蓬,冈比亚,加纳,几内亚,肯尼亚,马里,毛里塔尼亚,纳米比亚,尼日尔,卢旺达,撒哈拉阿拉伯民主共和国,圣多美和普林西比,塞内加尔,塞拉利昂,南非,多哥,乌干达和津巴布韦;

5. 欢迎贝宁和尼日利亚签署了《非洲大陆自由贸易区协定》,使签署国增加到五十四(54)个会员国,并呼吁尚未签署或批准《非洲大陆自由贸易区协定》的会员国尽快签署或批准该协定；

6. 回顾于 2019 年 2 月在埃塞俄比亚亚的斯亚贝巴举行的第 32 届常会上通过的第 714 号决议 ［Assembly／AU／Dec. 714（XXXII）］，以专门召开非洲联盟大会第 12 届特别会议。非盟庆祝《非洲大陆自由贸易区协定》签署一周年，启动非洲内部市场的运营阶段，并决定非洲大陆自贸区秘书处的选址和机构；

7. 通过下列措施，启动非洲大陆自贸区的运行阶段，由以下机构提供支援：

a）商定的非洲自贸区原产地规则；

b）非盟贸易监测系统；

c）非洲大陆自贸区货物贸易密码保护系统；

d）泛非支付和结算系统；和

e）非洲大陆在线监测、报告和消除非关税壁垒机制。

8. 决定：

a）非洲大陆自贸区的关税减让最终时间表和现行原产地规则将提交至 2020 年 2 月的下届非盟大会；

b）取消关税应不迟于 2020 年 7 月 1 日开始，以使非洲大陆自贸区机制内的贸易可在同一天开始；

c）非洲大陆自贸区临时秘书处最迟于 2019 年 10 月 31 日举办非洲大陆自贸区部长理事会首次会议；

d）委员会应确保非洲大陆自贸区秘书处不迟于 2020 年 3 月 31 日开始运作；和

e）每年的 7 月 7 日被指定为"非洲一体化日"，但不作为纪念《非洲大陆自由贸易区协定》实施的公共假日；

9. 决定进一步讨论 G6 国家（埃塞俄比亚，马达加斯加，马拉维，苏丹，赞比亚和津巴布韦）的提议，以在十五（15）年内放开全部税号商品的 90%，以互惠为基础，达成共识并向即将于 2020 年 2 月举行的非盟大会报告；

10. 还决定非洲大陆自贸区领导人和非洲大陆自贸区秘书处负责人参加非盟与区域经济共同体的年中协调会议；

11. 指示委员会支持贸易部长理事会建立非洲大陆自贸区协定的体制和治理结构，将促进《非洲大陆自由贸易区协定》下各种贸易手段的有效执行；

12. 并指示委员会在 2020 年 2 月前将非洲大陆自贸区秘书处的组织、工作计划和预算提交相关的非盟政策机构批准；

13. 进一步指示秘书处监督《非洲大陆自由贸易区协定》的执行情况，并向非洲大陆自贸区部长理事会提交报告，以供大会常会审议；

14. 呼吁各成员国继续提供财政、政治、技术等必要的支持，包括及时提供信息，以确保《非洲大陆自由贸易区协定》的可持续性；

15. 还呼吁非洲大陆自贸区秘书处、委员会和区域经济共同体合作发展出一个框架，进一步促进非洲内部贸易的逐渐发展，在此背景下，欢迎 2018 年 12 月在埃及开罗举办的第一届非洲大陆内部贸易博览会，下届博览会将于 2020 年 9 月在卢旺达基加利举办。

16. 注意到世界贸易组织总干事将于 2020 年 8 月 31 日空缺，并指示非洲贸易部长致力于确保非洲成功获得该职位，遵循已建立的相关流程和程序，为加强多边贸易作出贡献；

17. 祝贺尼日尔共和国人民和政府成功举办了执行理事会会议、非盟大会第 12 届特别会议、非盟与区域经济共同体的首次年中协调会议以及其他活动；

18. 通过《关于启动非洲大陆自贸区运行阶段的尼亚美宣言》；

19. 请非洲大陆自贸区领导人、尼日尔共和国总统伊素福阁下在 2020 年 2 月举行的非洲联盟大会上提交一份关于非洲大陆自贸区的进展报告。

关于建立非洲大陆自由贸易区秘书处的决定

大会，

1. 回顾2012年1月在埃塞俄比亚亚的斯亚贝巴举行的非盟第18届常会通过的"关于促进非洲内部贸易和加快建立非洲大陆自贸区"的第394号决议［Assembly／Au／Dec.394（XVIII）］，以及2018年3月在卢旺达基加利举行的第10届特别会议通过的"关于建立非洲大陆自贸区"的第1号决议［Ext／Assembly／Au／Dec.1（x）］；

2. 同时回顾2019年2月在埃塞俄比亚亚的斯亚贝巴举行的非盟第29届常会通过的第714号决议［Assembly／Au／Dec.714（XXXII）］，决定于2019年7月在尼日尔共和国的尼亚美举行非洲联盟大会特别会议，以庆祝非洲大陆自贸区成立一周年，启动非洲内部市场运作，并决定了非洲大陆自贸区秘书处的地点和机构；

3. 注意执行理事会就设立非洲大陆自贸区秘书处所作的《技术评价任务报告》给出的建议；

4. 决定非洲大陆自贸区秘书处将设立在加纳共和国；

5. 祝贺加纳共和国的人民和政府；

6. 恳请委员会与加纳共和国合作，根据执行理事会2005年7月关于主办非洲联盟各机构的EX.CL/195（VII）Rev.1决定，最后确定秘书处设立国协定；并据此将非洲大陆自贸区临时秘书处快速转移至设立国，以期在2020年2月之前加快设立常设秘书处；

7. 授权委员会于2020年2月向非盟大会常会提交一份关于非洲大陆自贸区秘书处运作情况的进度报告。

关于在尼日尔共和国的尼亚美成功举办非盟大会第十二届特别会议和非盟与区域经济共同体第一次年中协调会议的决定

大会，

1. 回顾 2019 年 2 月在埃塞俄比亚的亚的斯亚贝巴举行的第 32 届常会通过的第 744 号决议［Assembly／AU／Dec.744（XXXII）］，非洲联盟大会决定在非盟和区域经济共同体之间的年中协调会议之前，在尼日尔共和国举行非洲联盟大会第 12 届特别会议，以庆祝非洲大陆自贸区协定签署一周年和非洲内部市场运作阶段的正式启动；

2. 十分满意地注意到在 2019 年 7 月 7～8 日于尼日尔共和国的尼亚美举办的第十二届特别会议和非盟与区域经济共同体第一次年中协调会议的规划、组织和举办都给人留下了深刻的印象。

3. 祝贺尼日尔共和国的伊素福总统，尼日尔政府和人民的努力以及到位的设施促成了第 35 届执行委员会常会、非盟大会第 12 届特别会议和非盟与区域经济共同体第一次年中协调会议的成功举办；

4. 赞扬尼日尔共和国对所有代表团和与会者的热情款待，并赞扬尼日尔政府使非洲联盟峰会取得圆满成功。

关于启动非洲大陆自由贸易区运行阶段的尼亚美宣言

我们，非洲联盟的国家和政府首脑，于 2019 年 7 月 7 日在尼日尔共和国的尼亚美举行了第 12 次特别峰会，

回顾：

a）1991 年在尼日利亚阿布贾签署的《建立非洲经济共同体条约》的规定；

b）2012 年 1 月在埃塞俄比亚亚的斯亚贝巴举行的第 18 届常会通过第 394 号决议［Assembly/AU/Dec. 394（XVIII）］，在 2017 年指示性日期之前加快促进非洲内部贸易（BIAT）和非洲大陆自贸区（AfCFTA）；

c）2015 年 6 月在南非约翰内斯堡举行的第 25 届常会通过第 569 号决议［Assembly/AU/ Dec. 569（XXV）］，启动关于建立非洲大陆自贸区的谈判；

d）大会决定将于 2020 年 2 月首脑会议提交关于非洲内部市场的准备评估；

e）启动非洲单一航空运输市场；

f）开放签署《建立非洲经济共同体条约关于人员自由流动、居留权和设业权的议定书》，供成员国签署和批准；

确认非洲大陆自贸区谈判机构自 2016 年 2 月起进行谈判，并于 2018 年 3 月 21 日在卢旺达基加利举行的第 10 届特别会议上签署了《非洲大陆自由贸易区协定》；

同时确认根据大会第 714 号决议［Assembly／AU／Dec. 714（XXXII）］，赋予非洲大陆自贸区谈判机构完成非洲大陆自贸区谈判的任务；

祝贺"协定"于 2018 年 3 月 21 日在卢旺达的基加利举行的非洲联盟大会第 10 次特别会议上首次开放供签署时签署的四十四（44）个会

员国；2018 年 7 月 1 日在努瓦克肖特举行的联盟大会第 30 届常会上签署"协定"的另外 5 个会员国；2019 年 2 月 10 日在埃塞俄比亚的亚的斯亚贝巴举行的联盟大会第 32 届常会上签署"协定"的另外三（3）个会员国；贝宁和尼日利亚于 2019 年 7 月 7 日在尼亚美举行的非洲联盟大会第 12 届特别会议上签署了同一协定，使非盟 55 个会员国中签署协定的国家总数达到 54 个；

目前为止，已有二十二（22）个缔约国向委员会主席交存了批准书，赋予了"协定"法律效力，还有五（5）个缔约国加入了批准书，总数已达二十七（27）个，向他们表示祝贺。

我们欢迎《非洲大陆自由贸易区协定》于 2019 年 5 月 30 日生效；

对非盟委员会和所有区域经济共同体、联合国非洲经济委员会、联合国贸易和发展会议、非洲开发银行、非洲进出口银行等相关机构表示诚挚的感谢，感谢我们的发展合作伙伴和利益攸关方，也要感谢尼日尔共和国总统同时也是《非洲大陆自由贸易区协定》牵头人的穆罕默杜·伊素福先生，他在建立非洲大陆自贸区的过程中提供了宝贵的支持。

在此：

对尼日尔共和国人民和政府的热情接待和盛情款待表示深深的谢意，向尼日尔共和国总统穆罕默杜·伊素福阁下为非盟大会第 12 届特别会议的成功，作出的努力和提供的便利表示祝贺。

2019 年 3 月 21 日，我们纪念非洲大陆自贸区成立一周年，共同记录下这一年取得的满意成果。

还承诺根据《2012 年关于促进非洲内部贸易的行动计划》中概述的目标，在非洲大陆自贸区第一年成功的基础上：

贸易政策

非洲大陆自贸区进入运作阶段，是《非洲大陆自由贸易区协定》生效后的一项重大成就，它重申了非洲对多边贸易体系的承诺，并为非洲的发展奠定了坚实的基础；

在此，促请非洲大陆自贸区谈判机构能够尽快出色地完成关于第一阶段货物贸易和服务贸易的谈判工作，以便在 2020 年 2 月提交给非盟大会；

我们重申在 2021 年 6 月之前及时完成非洲大陆自贸区第二阶段谈判的承诺；

生产能力

我们认识到扩大制造规模的必要性，因为它是经济转型，生产力、竞争力和创新力提升的战略关键。为此，我们承诺在"非洲领军"倡议中加强合作，以促进农业加工业的发展，同时承诺将与非洲制造商共同努力建立非洲制造商协会。

发展与贸易有关的基础设施

我们承诺将致力于"非洲领军"倡议和其他利益相关者合作，在十二（12）年内解决非洲的基础设施融资缺口。

金融

我们承诺将加强与金融机构合作，弥补非洲的贸易融资缺口，以增加非洲内部的贸易流通量。同时将完成非洲大陆自贸区相关调整机制，促进非洲大陆自贸区市场的包容性发展。在这方面，我们将与国际金融机构合作，提供短期融资，以最低的调整成本帮助缔约国履行其在非洲大陆自贸区的自由化承诺。

贸易信息

建立非洲贸易监测系统（非洲贸易监测系统），以提高非洲大陆自贸区市场在商品和服务贸易方面的透明度、效率和完整性。我们承诺，在有关区域价值链、市场条件、适用法规、合法注册的进出口商以及授权的经济运营商方面，非洲贸易监测系统将提供可靠和及时的信息。

同时我们承诺加强非洲贸易监测系统，协助政策制定者制定基于事实数据的贸易政策，并通过内置的记分卡监测《非洲大陆自由贸易区协定》和《促进非洲内部贸易行动计划》的实施和影响；利用非洲贸易监测系统传播关于消除非关税壁垒的信息，并扩大其覆盖面，包括电子商务和初创企业的信息。

我们承诺为企业进一步开发基于 Web 的移动应用程序。该应用程序将为商界和普通公众提供一站式服务，并将为非洲大陆自贸区制作电子手册。同时该应用程序将以非盟的所有官方语言提供给更多的受众。

我们将举办非洲内部贸易博览会，作为鼓励非洲各地企业开展交易的平台，以增加非洲内部贸易流通量。为此，希望各缔约国能全力支持博览会。

要素市场一体化

承诺全面执行《建立非洲经济共同体条约关于人员自由流动、居留权和设业权的议定书》。为此，呼吁所有成员国签署和批准该议定书，这将使非洲大陆自贸区更接近非洲人民，他们是非洲大陆一体化进程中最重要的利益攸关方。

在深化非洲大陆一体化的同时，敦促所有成员国采取措施，促进整个非洲大陆金融市场的快速一体化。

贸易便利化

致力于利用贸易便利化来促进非洲大陆贸易流量的增长和效率提升。在此方面，敦促所有会员国：

a）制定法律、法规和其他措施，确保可以在非洲大陆自贸区的贸易体制下进行商品贸易；

b）为过境货物提供便利及办理其他手续；

c）使其国家发展和改革战略与《非洲大陆自由贸易区协定》相一致，以便《非洲大陆自由贸易区协定》能满足非洲人民的期望；

d) 作为实施《非洲大陆自由贸易区协定》的一部分，要在国家层面对利益相关者进行宣传和能力建设。

敦促非洲大陆自贸区秘书处、委员会和区域经济共同体密切合作，以促进非洲内部贸易。

致力于为中小型跨境贸易商提供服务，以扩大非洲大陆自贸区的包容性。为此，我们将与区域经济共同体合作，制定一项简化的贸易制度，充分满足我们辛勤的劳动人民的需要。

促进非洲大陆自贸区市场的包容性发展

认识到广泛参与非洲大陆自贸区的运作是其可持续性的关键。在此方面，呼吁：

a) 尚未签署或批准《非洲大陆自由贸易区协定》的成员国应尽快签署或批准该协定，使所有非盟成员国成为该协定的缔约国；

b) 商界要利用2020年7月的截止时间扩大投资规模，以便能够为非洲自贸区市场提供服务；

c) 私营部门与成员国合作，以确保其对非洲大陆自贸区的关切得到及时解决；

d) 学术界和其他研究机构可以参与非洲大陆自贸区的学术计划，以发展非洲大陆自贸区协定的智囊团；

e) 青年及妇女通过发展初创企业和中小型企业，为实现非洲大陆自贸区作出贡献；

f) 非洲侨民投资非洲大陆的新市场；

g) 国际社会支持非洲大陆自贸区，因为它促进了非洲的增长与繁荣以及全球和平；

h) 成员国对优质基础设施进行投资，目的是为整个非洲及其他地区生产和供应优质商品。

重申我们的承诺，即继续按照1991年《阿布贾条约》所述的建立非洲经济共同体条约进程。

观察并庆祝我们有关非洲大陆自贸区的成就。

充分认识到非洲大陆自贸区的命运掌握在我们手中，决定将每年的 7 月 7 日指定为"非洲一体化日"而非公共假期。在这一天，非洲大陆和海外侨民应举行纪念活动，以庄严地庆祝非洲大陆自贸区在前一年所取得的成就。授权非盟主席，非洲自贸区领导人，非盟委员会主席以同样的精神发表联合声明。

本协定于 2019 年 7 月 7 日在尼日尔共和国尼亚美通过。

五　2020年2月9~10日非盟元首大会第33届会议关于非洲大陆自由贸易区的第751号决议

大会，

1. 注意到执行理事会的决定；

2. 还注意到2019年12月15日在加纳阿克拉举行的非洲大陆自由贸易区部长理事会第二次会议的报告及其中的建议；

3. 还注意到非洲大陆自由贸易区部长理事会主席团和执行理事会关于非洲大陆自由贸易区秘书长人选的报告，并认可其中所载建议；

4. 感谢加纳共和国政府为非洲大陆自贸区秘书处提供的便利以及为非洲大陆自贸区的运行提供的1000万美元的赠款；

5. 批准部长理事会关于设立甄选小组的决定，并对甄选小组的所有成员表示感谢。

非洲大陆自贸区秘书长的任命和就职及职责履行

6. 决定任命韦凯尔·梅内（Wamkele Mene）先生为非洲大陆自贸区秘书长，任期四年，薪金等级为SP2级，但不影响非盟委员会副主席作为非盟管理者的职能；

7. 遵守大会于2019年7月在尼亚美作出的《关于非洲大陆自贸区秘书处运作的决定》，在2020年3月31日前启动非洲大陆自贸区常设秘书处；

8. 决定于 2020 年 3 月 31 日在加纳阿克拉举行非洲大陆自贸区秘书长的宣誓和就职仪式，并决定非盟委员会与作为东道国的加纳共和国政府密切联络，为就职仪式做准备。

特别首脑会议

9. 同意非洲大陆自贸区部长理事会关于在 2020 年 5 月 30 日举行一次特别首脑会议的建议，以批准 2020 年 7 月 1 日根据《非洲大陆自贸协定》开始贸易所需的所有文书。为此，大会欢迎并批准南非共和国政府提出主办特别首脑会议的申请；

10. 要求贸易部长将非洲大陆自贸区会议列为优先事项，以确保便利有效决策所需的赞成票数，并进一步指示非盟委员会按照第 10 届非盟贸易部长会议的成果召开必要的会议，以便完成关于原产地规则、关税减让表和五个优先服务部门具体承诺表的工作，以实现大会于 2019 年 7 月 7 日在尼日尔举行的第 12 届特别会议上商定的在 2020 年 7 月 1 日开始贸易的目标；

11. 指示非洲大陆自贸区部长理事会和非盟有关政策机构最后完成对组织结构草案的审议，包括所任命的主任的适当职能和非洲大陆自贸区常设秘书处人员的适当数量，并通过非盟系统的适当政策机构，将其连同补充预算和工作方案提交 2020 年 5 月的特别首脑会议；

12. 还指示非洲大陆自贸区部长理事会及其附属机构完成任何其他尚未完成的工作，供特别首脑会议审议。

尼日尔共和国总统、非洲大陆自贸区领导人
穆罕默杜·伊素福先生阁下的报告

13. 非常赞赏非洲大陆自贸区领导人、尼日尔共和国总统优素福·穆罕默杜先生阁下的报告，并通过其中关于非洲大陆自贸区进展情况的建议；

14. 赞扬所有会员国、部长理事会、非盟贸易部长和非洲大陆自贸区的谈判机构、非盟委员会、区域经济共同体和非盟伙伴在实施《非洲大陆自贸协定》方面取得重大进展方面发挥的作用；

15. 祝贺毛里求斯共和国在 2019 年 9 月向非盟委员会主席交存《非洲大陆自由贸易区协定》批准书后成为第二十八（28）个缔约国。

结束非洲大陆自贸区关于货物、服务贸易和原产地规则的第一阶段谈判

16. 促请在 2020 年 3 月底之前完成关于原产地规则的所有尚未完成的工作，以便最后确定关税提议，并将关于原产地规则的工作提交 2020 年 5 月特别首脑会议；

17. 还呼吁成员国在 2020 年 5 月向特别首脑会议最终完成并提交：

e）90% 的关税减让表；及

f）五个优先服务部门的具体承诺表；

18. 回顾非盟大会在 2019 年 2 月通过的要求在 2020 年 6 月完成非洲大陆自贸区谈判的第 714 号决议，敦促成员国在上述最后期限之前提交其关于其余服务部门的具体承诺时间表和《服务贸易监管合作框架》。

G-6 保留

19. 非常高兴地欢迎六国集团国家（埃塞俄比亚、马达加斯加、马拉维、苏丹、赞比亚和津巴布韦）决定为了非洲大陆的利益和团结，撤回其保留决定，并与其他缔约国一道实施关税自由化模式。

签署和批准《非洲大陆自由贸易区协定》的情况

20. 敦促非盟委员会继续努力，确保所有成员国在 2020 年 4 月底之前签署《非洲大陆自由贸易区协定》，并呼吁所有尚未批准《非洲大陆自由贸易区协定》的非盟成员国在 2020 年 7 月 1 日根据该协定开始贸易

之前批准该协定。

2020年7月1日根据《非洲大陆自由贸易区协定》开始贸易的准备

21. 指示非洲大陆自贸区临时秘书处在2020年2月底之前制作用于提交国内准备情况报告的模板，并分发给所有非盟成员国，并在2020年4月底之前建立非洲大陆自贸区贸易流动监测系统以及收集贸易统计数据。

第二阶段谈判及其后

22. 决定维持2020年12月完成关于投资、知识产权和竞争政策的第二阶段谈判的最后期限；

23. 还决定第三阶段谈判的重点是在第二阶段谈判结束后立即缔结一项《非洲大陆自由贸易区协定电子商务议定书》，并指示非盟委员会着手筹备即将举行的谈判，并在2020年期间为非洲贸易谈判人员参与非洲大陆自由贸易区的电子商务法律文书谈判的能力建设调集资源；

24. 促请成员国严格审查双边伙伴正在对其采取的办法，以便与其订立双边电子商务法律文书，以确保非洲能够谈判和执行《非洲大陆自由贸易区协定电子商务议定书》，使非洲在电子商务交易的数据和产品等电子商务的所有方面拥有充分权力，并促进在国家、区域和大陆各级建立非洲拥有的电子商务平台，作为我们谈判《非洲大陆自由贸易区协定电子商务议定书》的筹备工作的一部分。

纪念非洲一体化日和推广非洲大陆自贸区的愿景

25. 呼吁成员国按照非洲大陆自贸区临时秘书处制定的准则，开展纪念活动，庄严纪念和庆祝非洲大陆自贸区上一年取得的成就；

26. 敦促非盟各国国家元首和政府首脑定期就其国家如何执行《非洲大陆自由贸易区协定》发表声明。

调动非洲私营部门和区域经济共同体以有效执行《非洲大陆自由贸易区协定》

27. 要求非洲-领军人物倡议（Afro-Champions Initiative）与非洲各国部长，特别是负责贸易、金融、工业和发展规划的部长合作，执行"万亿美元框架"（Trillion Dollar Framework）；

28. 另外要求非洲大陆自贸区临时秘书处和区域经济共同体在贸易开始之前制定合作框架，并在2020年5月特别首脑会议上就此事项提交实质性进展报告；

29. 进一步要求贸易和财政部长与非洲进出口银行合作，在2020年期间完成非洲大陆自贸区调整基金（AfCFTA Adjustment Facility）的工作，并将章程草案和资金调动计划及倡议提交2021年2月非盟首脑会议审议。

授予非洲大陆自贸区部长理事会相关权力

30. 责成非洲大陆自贸区部长理事会迅速审议执行《非洲大陆自由贸易区协定》有关的所有技术事项，并向执行理事会提交包括所涉财政和结构问题的建议，并通过非盟系统的适当政策结构向非盟大会报告以供批准。

创建充分、及时和有效执行《非洲大陆自由贸易区协定》的契机

31. 指示非洲大陆自贸区临时秘书处作为向非洲大陆自贸区常设秘书处移交一揽子计划的一部分，编写一份关于创建充分、及时和有效执行《非洲大陆自由贸易协定》契机的战略文件，该文件将作为提交2020年5月非盟特别首脑会议的报告的一部分；

32. 进一步指示非洲大陆自贸区临时秘书处与成员国、区域经济共同体秘书处和活跃在非洲大陆这一领域的其他有关政府间组织密切合作，以加强活动和会议的规划和协调，并尽量减少日期冲突和其他重叠；

33. 呼吁非盟各国国家元首和政府首脑在与商界领袖接触时，将非

洲大陆自贸区作为一个有吸引力和不断增长的投资目的地;

34. 要求非盟委员会与联合国工业发展组织、非洲经济委员会和非洲领军人物合作,在非洲工业化周期间组织一次非洲工业化和经济多样化问题峰会;

35. 注意到埃塞俄比亚申请主办第一届非洲生产的能源、通信技术、基础设施和类似部门产品的博览会,并请埃塞俄比亚提交概念文件,以供 2020 年 5 月下次特别首脑会议审议。

非非盟成员国的观察员地位

36. 决定非洲大陆自贸区不接受非非盟成员国的观察员地位请求。

第三方协议

37. 指示非洲大陆自贸区临时秘书处:

(a) 继续监督涉及非洲大陆自贸区缔约国的第三方协定的发展情况,并向非盟首脑会议提出报告;

(b) 根据《非洲大陆自由贸易区协定》的有关规定,制定《有关通知第三方协定的报告准则和模板》;

(c) 在非洲大陆自贸区秘书处、非盟委员会和区域经济共同体之间未来的合作框架中列入一个关于第三方协定的章节;

(d) 将《有关通知第三方协定的报告准则和模板》以及《非洲大陆自贸区秘书处、非盟委员会和区域经济共同体之间的合作框架》提交非洲大陆自贸区部长理事会审议和通过;

38. 请非洲大陆自贸区领导人、尼日尔共和国总统穆罕默杜·伊素福先生阁下在 2020 年 5 月非盟大会特别会议上提交一份关于非洲大陆自贸区的进度报告。

六　韦凯尔·梅内先生阁下在就任非洲大陆自贸区秘书处秘书长时的发言

2020 年 3 月 19 日
亚的斯亚贝巴
非盟委员会主席穆萨·法基·穆罕默德先生阁下，
非盟各位委员阁下，
驻亚的斯亚贝巴使团的各位大使、常任代表阁下，
女士们、先生们：

非盟大会第 33 届常会选举我作为非洲大陆自贸区秘书处的首任秘书长，借此机会，请允许我表达深深的谦卑之情。我将坚定履行为非洲服务的这一历史性使命。

自 2015 年在约翰内斯堡启动非洲大陆自贸区谈判以来，成就斐然，这主要取决于非盟元首大会的政治意愿和承诺，它领导并确保非洲采取具体步骤，以建立一个一体化的市场。

《阿布贾条约》确立了非洲一体化目标，受此启发并意识到《拉各斯行动计划》所阐明的持续的经济发展挑战，非盟元首大会决心迅速采取行动，以实现我们有生之年想要的非洲。

各位阁下，
女士们、先生们，

请允许我向非洲大陆自贸区的倡议者和领导者尼日尔共和国总统穆罕默杜·伊素福总统阁下致敬，感谢他自2017年3月以来在非洲大陆自贸区谈判过程中坚定不移和专注的领导。在他的指导和领导下，非洲战胜了各类批评：54个非洲国家已经签署了《非洲大陆自由贸易区协定》，30个非洲国家已经批准了该协定，这是非盟历史上最快的批准过程。

如果没有非盟委员会主席穆萨·法基·穆罕默德先生阁下的远见卓识，我能否在非洲大陆自贸区谈判中取得重大进展，还令人怀疑。在他的领导下，谈判得到了所需的一切必要资源和政治支持，为此，我谨表谢意。

我亲爱的兄长穆昌加委员阁下是谈判中的中流砥柱，在谈判的每一个关键时刻，他都提供了智慧和有力支持。我们还要感谢非盟委员会前委员法蒂玛·阿西尔，她为非洲大陆自贸区谈判的早期阶段提供了所需的坚实基础。

加纳共和国一直处于非洲一体化的前沿。因此，在我们朝着非洲市场一体化迈出这一重要步骤时，加纳理所当然应成为我们努力的先锋。因此，我感谢加纳政府和人民，感谢他们在我们即将入驻加纳的新家时给予的热烈欢迎。

各位阁下，
女士们、先生们，

在实现目标的漫长征途中，有些同志未能等到这一天。那些为非洲事业而鞠躬尽瘁的战友不应被遗忘。我已故的亲爱的妹妹、来自肯尼亚的米里亚姆·奥莫罗为我们的工作作出了杰出贡献。当我们面临执行方面的困难时，我总会想起我已故的亲爱的兄弟、来自尼日利亚的奇杜·

奥萨克韦大使的聪明睿智，它无疑是非洲培养的最好的贸易外交官之一。愿他们死去的灵魂安息。

非洲大陆自贸区为非洲提供了一个机会，以应对我们这个时代重大贸易和经济发展挑战：

- 市场分散；
- 国民经济规模小；
- 过度依赖初级商品出口；
- 因制造能力不足导致的薄弱的出口基础；
- 专业化产品出口的缺乏；
- 欠发达的产业区域价值链；
- 非洲内部贸易的高监管和关税壁垒等。

这一切的结果造成非洲内部间贸易仅为18%的较低比例，而且正如所指出的，非洲内部间的贸易主要依靠向北半球的传统市场出口初级商品。

因此，非洲大陆自贸区是应对非洲发展挑战的关键对策。它有可能使非洲能够大大促进非洲内部贸易，改善规模经济和建立一个统一市场。它有可能成为工业发展的催化剂，使非洲走上出口增值产品的道路，提高非洲在自己市场和全球的竞争力。它也向国际投资者团体发出了强烈的信号，即非洲在单一的贸易和投资规则框架下，向所有商业开放。

各位阁下，
女士们、先生们，

非洲开放商业和互利投资，从而创造体面工作和改善生计：

- 我们有12亿人口的市场；
- 我们的GDP总和有2.5万亿美元；

● 非洲拥有 400 多家年营业额达到 10 亿美元或更多的非洲本土公司；

● 根据兰德里·西涅教授和阿查·勒克教授于 2019 年在布鲁金斯学会的一份出版物《展望非洲》上发表的论文，非洲工业有机会在十年内将产量翻一番，达到近 1 万亿美元，其中四分之三的增长来自以替代进口的制造业，并满足日益增长的当地需求；

● 根据国际货币基金组织 2019 年 10 月的《世界经济展望数据库》，至少在十年的前一半时间，世界上 10 个增长最快的经济体中有 7 个在非洲。

各位阁下，

女士们、先生们，

这是一个对全球经济和全球经济赖以维系的多边贸易体系提出前所未有的挑战的时期。多边贸易体系正面临严重压力，主要原因是支撑它的规则遭到抛弃。这种对多边贸易体系的压力有可能使我们自 2001 年启动《多哈发展议程》以来在将发展置于多边贸易体系中心方面所取得的微薄成果发生逆转。非洲应对多边贸易体系压力的对策必须是通过非洲大陆自贸区巩固和推进我们大陆市场一体化的目标。在伊素福总统的领导下，我们的共同优先事项应该是尽快完成非洲大陆自贸区第一和第二阶段的谈判，以释放非洲的全部生产能力。

对全球经济的第二个挑战是正在肆虐的新冠疫情，它破坏了全球经济活动，对全球资本市场产生重大不利影响，严重破坏了贸易和全球供应链，当然对全球公共卫生产生了负面影响。非洲不应该绝望，陷入绝望——从贸易角度看，我们应该把这场危机看作一个机会——通过非洲大陆自贸区，我们有机会重新配置我们的供应链，减少对其他供应链的依赖，并加快建立将促进非洲内部贸易的区域价值链。在今后几周内，我将开始与贸易和工业委员以及我们的技术伙伴联合国非洲经委会和贸发会议讨论这个问题。

各位阁下，
女士们、先生们，

作为秘书长，我致力于确保《非洲大陆自由贸易区协定》得到有效执行，从而实现共同和包容性的经济增长。

我们近年来看到的反对自由贸易和贸易自由化的反弹，并不是因为贸易自由化本质上只对某些精英或某些国家有利。相反，这种反弹的部分原因是国际贸易利益分配不均和缺乏共享和包容性增长。非洲大陆自贸区从反对贸易自由化和通过多边贸易体系（即世界贸易组织）追求更自由的国际贸易的这种反弹中吸取的教训是，除了促进贸易流动外，必须将公平分配非洲大陆自贸区收益的问题置于其实施的中心。如果非洲大陆自贸区被认为只惠及少数几个工业相对发达的非洲国家如南非以及少数非洲跨国公司，它就将遭到非洲人的排斥，这是理所当然的。

在这方面，我们应该想到，对妇女、非洲年轻人和我们社会其他弱势群体进行赋能是《2063议程：我们想要的非洲》的核心目标。从经验证据中我们知道，妇女、非洲年轻人和中小企业在努力从贸易协定中获益时面临重大挑战。因此，我打算采取具体步骤，确保妇女和非洲年轻人成为执行《非洲大陆自由贸易区协定》的核心。在适当时候，我将宣布可采取的具体措施，使妇女、非洲年轻人和中小企业能够从《非洲大陆自由贸易区协定》中受益，以在整个非洲大陆实现《非洲大陆自由贸易区协定》的包容性利益和共同增长的目标。

各位阁下，

女士们、先生们，

全球经济正处于一场新的工业革命的边缘，这场新革命由新一代信息技术驱动，如物联网、云计算、大数据和数据分析、机器人和3D打印技术等。所有这些都给非洲大陆自贸区带来了挑战和机遇。

第四次工业革命很可能以我们尚未充分了解的方式影响非洲大陆自贸区。在非洲大陆自贸区的背景下，非洲该如何准备迎接第四次工业革命？随着3D打印技术的出现，它会对非洲工业化和创造就业机会带来什么影响？有很多就业可能就是通过非洲大陆自贸区创造的。《非洲大陆自由贸易区协定》有关电子商务和数字贸易的章节将如何使非洲成为云计算服务、数据处理和数据存储方面的全球参与者？

所有这些问题都需要高瞻远瞩，包括分析技术因素和第四次工业革命会如何影响贸易和投资流的未来发展。这种高瞻远瞩对于复杂政策问题的判断和战略选择至关重要，它们将决定非洲未来10~30年的贸易和投资前景。

各位阁下，

女士们、先生们，

《非洲大陆自由贸易区协定》的实施阶段恰逢"消弭枪声"（Silencing the Guns）之年，这为致力于快速发展非洲经济目标提供了契机。《非洲大陆自由贸易区协定》的成功实施将进一步巩固《2063年议程：我们想要的非洲》所预期的成果，并将使我们更接近于我们想要的非洲。

非洲已成功应对了各类评判，站在我们大陆伟大的解放斗争英雄的肩膀上，我们将勇往直前，实现非洲一体化这一历史使命。

谢谢！

图书在版编目(CIP)数据

非洲大陆自由贸易区法律文件汇编/朱伟东,王琼,史晓曦编译.--北京:社会科学文献出版社,2020.11
（中国非洲研究院文库）
ISBN 978-7-5201-7017-8

Ⅰ.①非… Ⅱ.①朱…②王…③史… Ⅲ.①自由贸易区-法律-汇编-非洲 Ⅳ.①D940.9

中国版本图书馆CIP数据核字（2020）第140781号

·中国非洲研究院文库·
非洲大陆自由贸易区法律文件汇编

编　　译／朱伟东　王　琼　史晓曦

出　版　人／谢寿光
组稿编辑／高明秀
责任编辑／宋浩敏

出　　版／社会科学文献出版社·国别区域分社（010）59367078
　　　　　　地址：北京市北三环中路甲29号院华龙大厦　邮编：100029
　　　　　　网址：www.ssap.com.cn
发　　行／市场营销中心（010）59367081　59367083
印　　装／三河市尚艺印装有限公司

规　　格／开　本：787mm×1092mm　1/16
　　　　　　印　张：18　字　数：235千字
版　　次／2020年11月第1版　2020年11月第1次印刷
书　　号／ISBN 978-7-5201-7017-8
定　　价／128.00元

本书如有印装质量问题，请与读者服务中心（010-59367028）联系

版权所有 翻印必究